Sylvia Schneider

Wonnestunden aus 1001 Nacht

Gesundheit und Wohlbefinden aus dem Orient

Gesamtgestaltung und Farbaufnahmen:
Helge Stüssel-Harzer
Emanuele Santi

Mosaik

INHALT

Zauberhafte Badezeremonien

Anregende Getränke und Tees

Der Orient bittet zu Tisch

Anhang

Lassen Sie sich verzaubern

WOHLBEFINDEN FÜR LEIB UND SEELE

Sinnlichkeit, Opulenz und Luxus – das fällt uns spontan ein, wenn wir an den Orient denken. Tausendundeine Nacht voller Geheimnisse und verführerischer Genüsse, sinnlicher Düfte und Aromen, voller Schwelgerei und Erotik. Der Orient gilt als Wiege von Heilkunst und Heilküche, Schönheitsrezepten und Baderegeln, Räucherkunst und Dufterlebnissen, von Dichtkunst und amouröser Eßkultur. Schon früh erlebten hier Naturwissenschaften, Medizin, Küche, Kunst und Literatur einen Höhepunkt. Aus der persisch-arabischen Mixtur entstand bereits unter dem Herrscher Harún al-Raschid (786–809 Abbasidenkalif in Bagdad) und seinem Sohn (813–833) eine so hochentwickelte Kultur, daß man sie das goldene Zeitalter nannte. Bei uns war zu der Zeit noch nicht einmal das finstere Mittelalter angebrochen.

Der Orient ist ein Konglomerat aus unterschiedlichen Ländern und Völkern. Und das sie alle verbindende Element ist der Islam – die neben Judentum und Christentum wichtigste Religion –, der Gebräuche und Sitten in diesem Teil der Welt prägt. Aus seinen Vorschriften, Regeln und Empfehlungen erwuchs eine Körper- und Gesundheitskultur, die wir heute nur als „ganzheitlich" bezeichnen können. Sie bezog alle Bereiche des Lebens mit ein. So wird nach seinem Verständnis die Schönheit aus der körperlichen Gesundheit, der seelischen Gestimmtheit und der geistigen Reinheit geboren. Bei uns hingegen sagt der Volksmund: Wer schön sein will, muß leiden. Schlagen wir die Zeitschriften auf, sehen wir diese Einstellung mehr als bestätigt. Qual und Mühsal sollen uns zu Schönheit und Fitneß führen. Es gibt kaum einen Ort, an dem Frauen sich so präsentieren können oder, besser, dürfen, wie sie sind – jünger oder älter, dünner oder dicker, glatter oder eher faltig. In unserer modernen Welt sind wir ständig den Betrachtungen und der Kritik von außen ausgesetzt. Wir messen uns – unabhängig vom Alter – an einem Schönheitsideal, das nicht gnädig mit uns umgeht und das uns schonungslos den beurteilenden Blicken der Öffentlichkeit ausliefert.

Wie anders hingegen der Orient! Einer der Dreh- und Angelpunkte des gesellschaftlichen Lebens waren die Bäder, die sich ursprünglich aus den römischen Thermen entwickelt hatten. Hier traf man sich zum Entspannen und Austausch von Neuigkeiten, aber auch um sich für religiöse Feste und Familienfeiern wie Hochzeiten zu reinigen und vorzubereiten. Meist waren die Bäder öffentlich – natürlich streng getrennt nach Geschlechtern. Doch die schönsten und prachtvollsten Bäder fand man in den Palästen der Herrscher und der Reichen. Die Frauen verbrachten dort unzählige Stunden, in denen sie sich salbten und parfümierten, sich massierten, enthaarten, schminkten sowie Haut und Haare färbten. Manche Schönheitsrezepte haben sich bis in unsere Zeit erhalten. Anders als die bei uns üblichen Prozeduren sind sie mit wesentlich mehr Genuß verbunden. Und wenn sie schmerzhaft waren – wie etwa das Enthaaren –, so stand doch am Ende immer die Belohnung: ein wohliges Körpergefühl und köstliche Leckereien. Im orientalischen Hammam verbinden sich alle Bereiche des Lebens auf das Sinnlichste.

In dieser Atmosphäre des Wohlbefindens boten allerlei Menschen ihre Dienste an: Badefrauen, die einseiften, massierten oder die Haare mit Henna färbten; Frauen, die besondere Schönheitsrezepturen anpriesen; Bader und andere, die sich mit Kräuterheilkunde auskannten, Zuckerbäcker und Fruchthändler. Hier vereinen sich körperliche und seelische Reinigung, tiefe Entspannung, Schönheitspflege, betörende Liebesmahlzeiten und stimulierende Tränke mit arabi-

scher Naturheilkunde, die für ihre heilenden und Krankheiten vorbeugenden Kräuter- und Gewürztees bekannt ist.
Auch die orientalische Dichtkunst findet ihren Platz in der feuchten Schwüle der Bäder. Sie ist ein wesentlicher Bestandteil der arabischen Kultur und Ausdruck der arabischen Seele. Märchen, Gedichte, Verse, Erzählungen – sie ziehen sich durch das gesamte orientalische Leben. Die Vorträge erfreuten Bad- und Kaffeehausbesucher, Haremsdamen, Herrscher sowie die Gäste festlicher Gesellschaften. Nicht selten waren die Erzähler oder Erzählerinnen Mittelpunkt des Geschehens.
Die Geschichten aus Tausendundeiner Nacht, die Scheherazade ihrem Gatten und Herrscher erzählte, ist einer der besten Beweise lebendiger Erzählkunst. Abend für Abend hielt sie ihn damit in Spannung, bis er vergaß, daß er sich ihrer eigentlich nach der Hochzeitsnacht entledigen wollte. In ihren Märchen gibt es nicht nur erotische Andeutungen, sondern auch immer wieder Hinweise auf raffinierte Speisen und ausgelassene Gelage. Ähnlich wie bei uns sind die orientalischen Märchen Spiegel der Realität, mystische Verklärung von Reinheit und Liebe und gewissermaßen auch ein Vehikel für Moral und Sitte. Kein größeres Festmahl fand ohne dichterische Begleitung statt.
Seit jeher maßen die Orientalen der Eßkultur einen hohen Stellenwert bei. Essen ist für sie nicht nur Nahrung für den Leib, sondern auch für den Geist und die Intelligenz. Sinnlichkeit – nicht zwangsläufig an Sex gebunden – ist die Freude aller Sinne: Augen, Ohren, Nase, Gaumen und Haut. Die große Vielfalt ihrer Rezepte zeugt von der Phantasie, mit der sie in der Küche zu Werke gehen. Schon früh bürgerten sich in der orientalischen Küche die wunderbarsten Gewürze ein: Kreuzkümmel, Koriander, Kardamom, Safran, Muskat, Zimt, Ingwer und Anis – um nur einige zu nennen. Die arabische Küche ist eine Welt der Düfte, eine Welt, in der alles anders riecht und anders schmeckt.
Auch die Gärten von Damaskus waren berühmt. Hier wurde eine Vielzahl köstlicher Gemüse – Auberginen, Kürbis, Fenchel, Bohnen, Gurken, Mangold, Spargel und Kichererbsen – und Früchte – Trauben, Aprikosen, Mandeln, Granatäpfel, Orangen, Zitronen und Pflaumen – gezogen. Die Hängenden Gärten der Semiramis – eine Art früher Dachterrassen – wurden wegen ihrer ausgeklügelten Bewässerungsanlagen in aller Welt bewundert und zählen heute zu den Sieben Weltwundern. Kräuter, Gewürze, Gemüse und Obst wiederum bildeten eine Grundlage für die Heilkunde. Und so schließt sich der Kreis.
Aber auch im Orient ist die Zeit nicht stehengeblieben; er hat sich verändert. Wie fast die ganze Welt „globaler" geworden ist, hat auch der Nahe Osten einen Teil seiner alten Gebräuche abgelegt. Er ist in vielen Bereichen „westlicher" geworden – also einerseits moderner, andererseits aber weniger bunt. Doch noch immer strahlt er seinen Zauber aus und verfügt über viele alte Gebräuche und Rezepturen. Lassen Sie sich zu einem Streifzug einladen, und entdecken Sie die Magie alter orientalischer Rezepte für Gesundheit und Fitneß, für Leib und Seele, für Liebe und Schönheit. Folgen Sie den betörenden Düften, berauschenden Aromen, lernen Sie heilende Getränke und entspannende Schönheitsrezepturen kennen sowie reinigende Badeprozeduren für die innere Gesundheit. Schwelgen Sie mit in leiblichen Genüssen und üppigen Dekorationen. Träumen Sie von erotischen Stunden, lauschen Sie den alten Märchen und Erzählungen. Von diesem bunten Mosaik soll in diesem Buch die Rede sein. Lassen Sie sich davon verzaubern.

Naturheilweisen aus dem Orient

HARMONIE DER KÖRPERSÄFTE

Folge deinem Wunsch, weil du lebst,
lege Myrrhe auf dein Haupt,
kleide dich in feines Linnen,
getränkt mit köstlichen Wohlgerüchen,
den echten Dingen der Götter.
Vermehre deine Wonnen noch mehr,
laß dein Herz nicht müde sein,
folge deinem Wunsch und deinem Vergnügen.[1]

Vorderer und hinterer Orient galten schon früh als Zentrum für Medizin und Naturwissenschaften. Viele unserer heutigen Erkenntnisse haben wir diesen alten Quellen zu verdanken. Die klassischen arabischen Naturheilweisen sind aus den medizinischen Lehren mehrerer orientalischer Völker hervorgegangen. Sie haben sich im Lauf der Jahrhunderte als eine hochwirksame Waffe gegen Krankheiten und Beschwerden, zur Vorbeugung und zur Heilung erwiesen. Nordafrika, Südeuropa, der Nahe Osten und Teile Asiens wurden bereits sehr früh zum Schmelztiegel, in dem sich eine potente arabisch-islamische Medizin entwickeln konnte. Diese wurde von der griechisch-römischen Heilkunde beeinflußt, deren Wissen in die Lehren mit einfloß. Wichtige Impulse erhielt sie aber auch aus der indischen und chinesischen Medizin. All diese Facetten der arabischen Heilkunde wiederum beeinflußten ganz wesentlich unsere heutige Medizin und Arzneimittelkunde.

Bereits vor rund achthundert Jahren schrieben arabische Gelehrte Bücher über Heilmittel und verfaßten Diät- und Kochbücher für verschiedene Krankheiten. Die Gewürze beispielsweise waren zu jener Zeit für die Medizin noch genauso wichtig wie für die Verfeinerung von Speisen. Bereits der *Papyrus Ebers* – die wichtigste medizinische Schrift der alten Ägypter aus der Zeit um 1550 v. Chr. – berichtet davon, daß Anis, Bockshornklee, Kümmel, Kardamom, Myrrhe, Senf, Sesam, Zimt und etliche andere Gewürze als Heilmittel bekannt waren und mit großem Erfolg ge-

gen vielerlei Beschwerden eingesetzt wurden. Natürlich sind auch Gewürze keine Wundermittel. Doch das Einzigartige an ihnen ist, daß man sie täglich ohne große Mühe zur Vorbeugung und Behandlung von Krankheiten in der eigenen Küche verwenden kann und dabei noch einen Genuß hat. Besser kann eine Arznei eigentlich nicht sein. So nahm die arabische Medizin auch großen Einfluß auf unsere Küche; denn wir haben dem Orient fast alle Gewürze, viele Kräuter und Gemüse zu verdanken. Spinat, Orangen, Zitronen, Artischocken, Aprikosen, Datteln, Pomeranzen und Bananen kamen erst aus Arabien zu uns.

Viele der arabischen Bücher waren allerdings aus dem Griechischen übersetzt, denn auch dort gab es eine Hochkultur, und man stand in ständigem Austausch miteinander. Als die bekanntesten Ärzte der griechischen Antike galten Hippokrates, auf den noch heute die Ärzte ihren Eid ablegen, und Galen, der in Rom praktizierte. Sie entwickelten die sogenannte Humoraltheorie, eine ganzheitliche medizinische Sichtweise, nach der vier Körpersäfte durch den Menschen fließen: Blut, Schleim oder Phlegma, schwarze und gelbe Galle.

Jeder Körpersaft besitzt besondere Eigenschaften – kalt, trocken, heiß und feucht – und ist einem der vier Elemente – Feuer, Wasser, Erde und Luft – zugeordnet:

- Blut ist heiß und feucht und steht in Beziehung mit dem Element Luft.
- Schleim ist feucht und kalt und steht in Beziehung mit dem Wasser.
- Schwarze Galle ist kalt und trocken und steht in Beziehung zur Erde.
- Gelbe Galle ist trocken und heiß, ihr Element ist das Feuer.

Befinden sich alle vier Körpersäfte im Gleichgewicht, ist der Mensch nach dem Verständnis der Humoraltheorie gesund. Galen ging noch etwas weiter, indem er annahm, jeder Mensch tendiere zu einem bestimmten Ungleichgewicht seiner Körpersäfte, und dieses wiederum bestimme auch sein Temperament. Das relative Gleichgewicht der Körpersäfte könne durch äußere Einflüsse gestört werden. Überfluß oder Mangel eines bestimmten Körpersaftes betrachtete der Arzt als Ursache von Krankheiten. Zur Heilung muß folglich das ursprüngliche relative Gleichgewicht wiederhergestellt werden. Drogen und Medikamente passen nach Galens Vorstellungen in das gleiche Schema wie die Körpersäfte und können entsprechend verordnet werden. Damit ein Mensch wieder gesund wird, muß sich aber auch sein gesamtes Leben in Harmonie befinden. Dieses hielten die antiken Ärzte für eine der wesentlichen Voraussetzungen für eine Heilung.

So heißt es auch in dem arabischen Werk *Medizin des Propheten*, in dem die heilkundlichen Überlieferungen des islamischen Propheten Mohammed (570–632 n. Chr.) niedergelegt sind: „Bei der Behandlung von Kranken muß man das Alter, die Gewohnheiten, die Jahreszeiten, die Berufe berücksichtigen." Und an anderer Stelle: „Sowie der Kranke über die Nahrungsmittel behandelt werden kann, braucht man auch nicht auf Medikamente zurückzugreifen."[2]

Auch der Koran gibt einige Regeln, die wir ruhig beherzigen sollten:
- Nicht mit vollem Magen in ein Bad steigen.
- Nicht essen, wenn man sich gerade ärgert oder jemandem böse ist.
- Keine Arznei zu sich nehmen, wenn man gesund ist.

An der umfassenden Ausbildung der arabischen *hakims* – der Weisen oder Philosophen (der Begriff Arzt wurde erst später eingeführt) – hat sich bis heute erstaunlich wenig geändert.

Sie wurden vor allem darin geschult, eine auf jeden einzelnen Patienten zugeschnittene Therapie zu finden. Sie unterschieden bei ihrer Behandlung nicht zwischen Organ und Seele, nicht zwischen körperlichen und seelischen Beschwerden. Ziel ihrer Behandlung war der *ganze* Mensch – eingebettet in den Kosmos. Energieflüsse im Körper entsprechen den Schwingungen, in denen gewissermaßen alles auf der Welt schwingt. Der Kosmos ist die übergeordnete Natur, der Mensch nur ein Teil des großen Ganzen, der Schöpfung. Wir begegnen einem Naturverständnis, das himmelhoch über dem steht, was wir heute unter Natur und natürlichen Heilkräften verstehen. Vor der Gesundheit kommt das Heilwerden. Arzneien waren nicht einfach Medikamente mit bestimmten Wirkstoffen, sie galten als konzentrierte Lebenskraft, als göttlicher Atem.

Arme Menschen sollten nach dem hippokratischen Behandlungskodex umsonst behandelt werden. Frauen medizinisch zu versorgen, galt als problematisch, denn nach dem moslemischen Glauben durften sie nicht von einem Mann untersucht werden, der nicht zu ihrer Familie gehörte. Da es aber kaum weibliche Ärzte gab, erfuhren Frauen vielfach gar keine Behandlung. Und wenn es doch dazu kam, mußte die Frau hinter einem Schleier oder einem Wandschirm verborgen bleiben. Es liegt auf der Hand, daß auf diese Weise kaum richtige Diagnosen gestellt werden konnten und es sich folglich in gewisser Hinsicht auch nicht „lohnte", Frauen therapieren zu lassen – eben weil man ja nicht wußte, was ihnen wirklich fehlte. Für Geburten waren Hebammen zuständig, die von *hakims* ausgebildet wurden.

Vor allem in den größeren Städten des Orients gab es bestens ausgestattete Krankenhäuser mit getrennten Abteilungen für Männer und Frauen – so etwa in Bagdad, Damaskus, Kairo und Marrakesch. Medizinische Hochburgen befanden sich in Südpersien und in Alexandria. Trotz der Entfernungen und der Reisebeschwerlichkeiten fand – wie gesagt – ein reger Austausch des medizinischen Wissens statt. Mit dem Islam kam die arabische Medizin nach Indien, wo sie den Namen *unani* erhielt und heute noch gelehrt wird. Die ayurvedische Medizin existierte dort zu diesem Zeitpunkt bereits, und es stellte sich schnell heraus, daß sie auf einem ähnlichen – ganzheitlichen – Behandlungsansatz basiert. Beide Heilweisen beeinflußten sich nun gegenseitig und vermischten sich zum Teil miteinander.

„Die Wahrheit in der Medizin ist ein Ziel, das man nicht erreichen kann. Und alles, was in den Büchern steht, ist viel weniger wert als die Erfahrung eines Arztes, der denkt und überlegt." Diese Erkenntnis stammt von dem berühmten und mildtätigen Arzt Rhazes (850–923), der der Nachwelt selbst ein dreißigbändiges medizinisches Schriftwerk hinterließ.

DEINE NAHRUNGSMITTEL SOLLEN DEINE HEILMITTEL SEIN

Da menschliche Körper nicht seziert werden durften, waren chirurgische Eingriffe so gut wie ausgeschlossen. Die arabische Medizin versuchte mit ihren Mitteln vor allem die körpereigene Abwehr zu stärken. Da man davon ausging, daß die vier Körpersäfte beim Prozeß der Verdauung entstünden, kam vor allem einer ausgewogenen Ernährung und dem Verdauungssystem eine große Bedeutung zu – eine Ansicht, die heute mehr und mehr wissenschaftliche Unterstützung findet. Ein wesentlicher Bestandteil der orientalischen Heilkunst war die gezielte Nahrungsaufnahme. Vor allem Gewürze und Kräuter spielten dabei ein wichtige Rolle. Ihre Verwendung galt als Voraussetzung für Gesundheit. Diese Ansicht vertrat auch Hippokrates: „Deine Nahrungsmittel sollen deine Heilmittel sein, deine Heilmittel sollen deine Nahrungsmittel sein!"

Die arabischen Ärzte befaßten sich schon früh damit, welche Nahrungsmittel schädlich für die Gesundheit sein könnten und ob sich ein Mangel an Sonnenlicht und frischer Luft womöglich ne-

Der überflüssige Arzt

Ein persischer Herrscher entsandte zum Propheten Mohammed – über ihm und seinem Geschlecht sei Allahs Friede! – einen erfahrenen Arzt, damit dieser über die Gesundheit des Gottesgesandten und dessen Gefährten wache. Der Gelehrte traf auch ein und wurde ehrenvoll aufgenommen.

Aber nachdem er schon ein ganzes Jahr unter den Arabern zugebracht hatte, war doch noch immer kein einziger Kranker bei ihm erschienen, um ihm seine Leiden zu klagen und sich von ihm behandeln und beraten zu lassen.

Endlich riß dem Perser die Geduld. Er war doch nicht zu diesen Beduinen in die Wüste gekommen, um hier allmählich im Nichtstun seine Kunst zu vergessen! Also suchte er den Propheten auf und sprach zu ihm: „Man hat mich nach Arabien entsandt, damit ich eure Kranken betreuen soll, doch während all der Zeit, die ich nun schon bei euch lebe, hat noch niemand auch nur ein einziges Mal nach meinem Rat und meiner Hilfe verlangt ... Wie soll ich denn da meinen Auftrag erfüllen und meiner Pflicht nachkommen können?"

Der Gesandte Allahs – über dem das Heil sei – gab darauf zur Antwort: „Du mußt wissen, daß wir die Gewohnheit haben, nicht eher zu essen, als bis der Hunger uns dazu nötigt, und daß wir uns auch niemals satt essen, sondern uns von der Mahlzeit erheben, ehe unser Magen ganz voll und unsere Begierde ganz gestillt ist ..."

„Ich verstehe", erwiderte der Arzt, nachdem er sich diese Worte überlegt hatte, „und dies ist natürlich der Grund, warum ihr alle so gesund seid!"

Er küßte vor dem Propheten die Erde, verabschiedete sich und trat die Heimreise nach Persien an.

Es ißt und spricht der Einsichtsvolle
dann nur, wenn er sieht,
daß durch Fasten oder Schweigen
ihm und anderen Leid geschieht.[3]

gativ auf den Menschen auswirkt. Es wurden genaue Ernährungsregeln aufgestellt, die ebenfalls im Koran festgehalten sind. Die wichtigste lautet: „Iß kein Fleisch vom Schwein!" Wenn man sich überlegt, daß Schweinefleisch Trichinen überträgt – Krankheitserreger, die eine ernste Infektion auslösen und zum Tod führen können –, ist das eine sehr sinnvolle Vorschrift. Zumal es früher, als diese Regel entstand, noch keine Möglichkeit gab, einen Trichinenbefall festzustellen. Bei uns gibt es dafür heute die Fleischbeschau von geschlachteten Tieren. Auch der Genuß von Blut war verboten – in heißen Gegenden ist dies ein idealer Nährboden für eine Vielzahl von Infektionen.

Die Heilkundigen empfahlen Fleisch von jungen Tieren: Schaf, Ochse oder Ziege. Auch das macht aus heutiger Sicht Sinn, denn in jungem Fleisch haben sich noch keine Schadstoffe abgelagert. Getreide, Obst und Gemüse gehörten ebenfalls zu einer gesunden Ernährung. Ausnahmen bildeten allerdings jene Obst- und Gemüsesorten, die ausdrücklich als Heilmittel verwendet wurden. Die Begründung lautete: Bei Dauergebrauch gewöhne sich der Körper zu sehr an die Wirkung der heilenden Inhaltsstoffe. Im Ernstfall würden sie dann versagen. Eine Erfahrung, die unsere heutigen Mediziner bei vielen Medikamenten machen.

Eine weitere der wichtigsten Regeln für die Nahrungsaufnahme lautete: Nicht essen, wenn man keinen Hunger hat. Darüber hinaus sollten die Speisen weder zu warm noch zu kalt sein. Die *hakims* rieten aus gesundheitlichen Gründen dazu, sich niemals völlig satt zu essen. Sie empfahlen, immmer noch etwas „Platz zum Nachdenken" zu lassen.

Dem Fasten – dem Ramadan – kam eine große Bedeutung zu. Ziel und Ablauf des Fastens wurden im Koran ebenso genau geregelt wie die Vorschriften für die Hygiene und das rituelle Bad. „Fasten ist ein frommer, gottgläubiger Prozeß und ermöglicht der fastenden Person eine innere Reinigung, seine körperlichen Notwendigkeiten zu überschreiten. Der tiefgehende Reinigungsprozeß einigt den Geist, die inneren Organe und Gewebe", so der arabische Heilkundige Muhammad Salim Khan[4].

Eine der wichtigsten Methoden des alten Ägypten, die Darmreinigung zu beschleunigen, war das Klistier. Die Heilmittelspritzen für den Allerwertesten wurden von speziellen Ärzten – den Hirten des Afters, wie sie genannt wurden – aus besonderen Kräutern und Substanzen gemischt und dann verabreicht. Die Ägypter glaubten, daß ein großer Teil aller Beschwerden auf das Essen zurückzuführen sei. Fast bei jeder Krankheit wurde deshalb erst einmal eine Darmreinigung empfohlen. Die moderne Kolon-Hydrotherapie hat hier, so vermutet man, ihren Ursprung.

Auch Zäpfchen und Tampons waren im alten Ägypten schon gebräuchlich. Bis heute ist es anerkannt, daß viele Arzneimittel besser und rascher wirken, wenn sie rektal verabreicht werden. So wird vor allem auch die Leber geschont, weil sie die Medikamente nicht umwandeln und gewissermaßen „gebrauchsfertig" machen muß. Medizinische Salben und Öle, Heilpflaster und Packungen, Gurgelmittel und Niespulver fanden ebenso Verwendung wie Duftstoffe und Räucherungen.

Viele *hakims* bezogen den Stand von Mond und Sonne in ihre Überlegungen mit ein. Der Frühling, so befand Avicenna (980–1037) – einer der berühmtesten Ärzte des Orients –, ist die Jahreszeit, die der Gesundheit am dienlichsten ist. Aber auch die Lebens- und Wohnverhältnisse wurden bedacht, um die richtige Diagnose und die wirksamsten Heilmittel herauszufinden.

DIE ALTEN ÄGYPTER: BERÜHMT FÜR IHRE GESUNDHEIT

Jede verwendete Droge – ob pflanzlicher, tierischer oder mineralischer Art – wurde auf das Temperament des Erkrankten und den gestörten Fluß seiner Körpersäfte abgestimmt. Man begann mit milden Mitteln und steigerte sie je nach Bedarf. Die Grundlage dafür bot eine Vorlage eines griechischen Wissenschaftlers. Das fünfbändige Werk des Dioskurides *Materia medica* war ins Arabische, Syrische und Persische übersetzt worden. Von Indien bis Andalusien orientierte man sich in der Medizin nun an den gleichen Lehrbüchern.

Schon zur Pharaonenzeit hatten die alten Ägypter eine Vielzahl von Kräutern und Gewürzen für Gesundheit und Schönheit eingesetzt. So ist in den verschiedenen Schriftstücken etwa vom medizinischen Einsatz von Majoran, Wacholder oder Zimt die Rede. Dem vielseitig verwendeten Schwarzkümmel eilte der Ruf eines Wundermittels voraus. Bei der Bekämpfung von Krankheiten erreichte das alte Ägypten ein sehr hohes Niveau. Es wird angenommen, daß dieses Volk *deshalb* eines der gesündesten Völker der Antike war. Seine Medizin war überdies eine Mischung aus magischen Beschwörungen und Hausmitteln. Bei den Ägyptern waren alle Gottheiten nämlich auch für die Heilung von Krankheiten zuständig. Sie wurden auch anderswo wegen ihrer Heilkraft verehrt – so in Griechenland und Rom. Heute sagt man: „Der Glaube versetzt Berge."

Wirksam ist der Zauber zusammen mit dem Heilmittel, wirksam ist das Heilmittel zusammen mit dem Zauber.
Papyrus Ebers

Doch gibt es wenig Zeugnisse von Rezepten und Zaubertränken. Unglücklicherweise konnten die meisten Pflanzen- und Drogennamen nicht entziffert werden. Die wesentlichen Kenntnisse aus pharaonischer Zeit verdanken wir dem *Papyrus Ebers* und etwa zwölf ähnlichen Schriftfunden, die nur in mühsamer Kleinarbeit entschlüsselt wer-

den konnten. Sie berichteten von bemerkenswerten Kenntnissen der ägyptischen Ärzte. Über Heilkräuter und ihre Wirksamkeit ist uns am meisten durch die Schriften des Arztes Galen überliefert, der noch Einblick in viele ägyptische Quellen nehmen konnte, bevor sie – etwa bei kriegerischen Auseinandersetzungen oder durch Feuersbrünste – vernichtet wurden oder im Lauf der Zeit verschwanden.

Ein großer Teil des ägyptischen Wissens wurde nur durch Galens schriftliche Aufzeichnungen für uns bewahrt.

Ein heilig Tier

Eine ganz besondere Rolle spielt im Orient die Katze – heute von namhaften Experten als eines der wirksamsten „Medikamente" auf vier Beinen gepriesen. Die islamische und vor allem arabische Welt huldigt einer Katzenliebe, die sie wahrscheinlich aus dem alten Ägypten geerbt hat. Dort war die Katze ein heiliges Tier, der katzenköpfigen Göttin Bastet geweiht, denn Frau und Katze galten von jeher als ähnlich – in der Eleganz ihrer Bewegungen, in ihrem geschmeidigen Gang, ihrer Anmut, ihrem Mut, ihrer Undurchschaubarkeit, ihrer Unbestechlichkeit. Auch über Kleopatra wurde Cäsar berichtet: „Sie hat Augen wie eine Katze!" Das war für ihn Anlaß genug, Ägypten mitsamt seiner schönen Herrscherin zu erobern. Allerdings wurde auch er ein Opfer ihrer geheimnisvollen Katzenaugen.

Verehrt wurde die Samtpfote vor allem aber, weil sie das geliebte Tier des Propheten Mohammed war, weil sie Frommen wie Gelehrten – ja sogar den Toten – in der Einsamkeit Gesellschaft leistete und weil sie in ihrer geheimnisvollen Art Zauber und Mystik symbolisierte. Sie war Freundin und Gefährtin, die allerlei wunderbare Taten vollbrachte und mit ihren possierlichen Kunststücken den Menschen zum Lachen brachte, die ihm kilometerweit folgte und sich für ihn manchmal auch opferte. So ein Tier mußte einfach verehrt und geheiligt werden. Kostbare Katzenstatuen und jahrtausendealte Katzenmumien – gefunden in den Pyramidengräbern der frühen Herrscher – legen davon ein beredtes Zeugnis ab.

Vom Propheten wird erzählt, daß er sich – als er sich zum Gebet anschickte – seinen Ärmel abschnitt, weil darauf seine Katze schlief und er sie nicht stören wollte. Und weil der Prophet, der sprach: „Katzenliebe ist ein Teil des Glaubens", den Kopf der Katze gestreichelt hat, trägt noch heute jede Katze vier schwarze Streifen auf der Stirn – Zeichen seiner Finger. Schauen Sie nur einmal genau hin, wenn Sie einer geheiligten Samtpfote begegnen …

Die religiöse Bedeutung der Katze blieb im alten Katzenland Ägypten mindestens bis ins 19. Jahrhundert erhalten. Man erzählt sich, daß Katzen auch feierliche Pilgerzüge von Kairo nach Mekka begleiteten. Ihre Heiligkeiten wurden dann auf Kamelen transportiert und von einer alten Frau betreut, die „Mutter der Katzen" genannt wurde.

Die Katze gilt – im Gegensatz zum Hund –

als rituell reines Tier und darf auch in einer Moschee wohnen (zumal es auch gern gesehen wird, wenn sie sich dort nützlich macht …). Man ist der Meinung, daß es von höchster Frömmigkeit zeugt, wenn man eine Katze hält, sie streichelt und ehrt. Wildlebende Katzen wurden oftmals durch die öffentliche Hand gefüttert, vielerorts ist das noch heute so.
In Marokko erzählt man sich, daß die Katze vom Löwen abstammt: Auf der Arche Noah gab es auch ein paar Schweine. Sie waren unruhig und Noah ermahnte sie, sich ruhig zu verhalten, damit die Arche nicht ins Wanken geriete. Doch der Eber konnte es nicht lassen und besprang seine Sau. Dafür gab es „Senge" von Noah. Das Schwein fing an zu grunzen und brachte eine Maus hervor. Dem Löwen, der gerade herzhaft nieste, hüpfte eine Katze aus der Nase, und die lief sofort hinter der Maus her. Das Kamel war Zuschauer dieses Schauspiels und platzte fast vor Lachen, dabei wurde seine Oberlippe gespalten.[5]

Katzen – so sagen Ärzte heute – sollten eigentlich auf Rezept verordnet werden. Denn ihre schnurrige Art, sich zu entspannen, ist gesundes Vorbild für den Menschen. Kraulen und Streicheln sind Massage für die menschliche Seele. Der Psychologieprofessor Reinhold Bergler empfiehlt die Katze als Therapie gegen Einsamkeit in der Anonymität unserer Welt, gegen Ängste, Lustlosigkeit und Spannungen. Der Blutdruck sinkt, Kopfschmerzen und Schlaflosigkeit verschwinden. Die Psyche wird stabiler. Das ist wissenschaftlich erwiesen. Eine amerikanische Studie über Herzkranke hat ergeben, daß die Überlebensrate bei Katzenbesitzern nach einem Jahr auffallend höher war.
Medizinische Faustregel des amerikanischen Professors Alan Beck: Katzenhalter leben mindestens sechs Jahre länger. Wunderbar wäre es, wenn die Lebensdauer eines Menschen auch mit der Anzahl seiner ihm gewogenen Katzen steigen würde – denn dann wäre endlich das Geheimnis der Unsterblichkeit entdeckt!

Von Gewürzen, Blüten und Kräutern

DIE HEILKRAFT DER GEWÜRZE

Wohl weil sie um ihre heilende Wirkung wußten, entwickelten die Orientalen eine große Vorliebe für Gewürze und stark Gewürztees. Von Arabien aus begannen die Gewürze ihren Siegeszug um die Welt. Sie brachten all jenen Wohlstand, die mit ihnen handelten, denn sie waren überaus kostbar und teuer. Damals schon entwickelte sich ein schwunghafter Handel. Ägypten importierte große Mengen Gewürze aus dem Fernen Osten. Über Indien kamen sie nach Südarabien. Kamelkarawanen transportierten das Handelsgut auf dem afrikanischen Kontinent weiter. Der Einfluß der arabischen Händler reichte von Ceylon bis Gibraltar und darüber hinaus. Zimt, Muskat, Kardamom, Nelken, Safran und Ingwer gelangten auf diesem Weg auch in unsere Gefilde und sind aus dem Küchenalltag nicht mehr wegzudenken. Die Kräuter und Gewürze, die sich mit dem Klima vertrugen, wurden hier schnell heimisch. Viele der Kräuter wachsen heute in unseren Gärten, ohne daß uns ihre eigentliche Herkunft bewußt ist.

Der florierende Handel mit den anderen orientalischen Gewürzkostbarkeiten befand sich noch lange Zeit fest in den Händen der Araber, denn er war – neben dem Seidenhandel – Quelle ihres Reichtums.

Auch nach Griechenland und Rom fanden die duftenden Gewürze ihren Weg. Hippokrates beschrieb in seinen Werken die Heilkraft etlicher Gewürze. Der griechische Arzt Galen vermerkte in Rom über die Heilkräuter, die er verwendete: „... ein Teil wird mir aus Großsyrien, anderes aus Palästina, wieder anderes aus Ägypten oder Kappadokien ... gebracht ...“

Die Inhaltsstoffe der Gewürze sind vielfältig. Sie wirken bakterienabtötend, appetitanregend, verdauungsfördernd und entzündungshemmend. Es ist allgemein bekannt, daß eine Vielzahl von Gewürzen Speisen bekömmlicher und verträglicher machen. Doch sie können noch wesentlich mehr, und es vergeht kein Tag, an dem nicht eine neue Gewürz-Heilwirkung entdeckt wird. Die oberste Arzneimittelbehörde in Berlin hat vor einigen Jahren eigens eine Kommission gebildet, die sich mit dem wissenschaftlichen Nachweis der Wirksamkeit von Naturheilmitteln befassen soll. Anfangs belächelte die medizinische Fachwelt diese Einrichtung noch, heute ist sie hoch angesehen und hat viele wichtige Ergebnisse vorzuweisen.

1001-NACHT-GEWÜRZKUNDE

ANIS
Pimpinella anisum

Der Gebrauch von Anis wurde in ägyptischen Schriftstücken erwähnt. Auch die Heilkräfte des Aniskrauts kannte man. Unter anderem soll Anis die Jugendlichkeit erhalten. Das Gewürz entsteht aus den Samenkörnern und ist auch heute im Orient noch sehr beliebt. Viele Orientalen kauen Anissamen nach dem Essen, um ihre Verdauung anzuregen.

DILL
Anethum graveolens

Dill ist ebenfalls ein altbekanntes Gewürzkraut: Es wird schon vor über viertausend Jahren in einem arabischen Schriftstück über Heilpflanzen erwähnt. Man sagte ihm auch nach, daß er gegen Zauber und Schwarze Magie helfe. Vor allem aber ist er wohltuend und heilend bei Darmproblemen. Dill soll auch die Milchbildung beim Stillen fördern.

GEWÜRZNELKEN
Syzygium aromaticum

Wie viele andere Gewürze stammt auch die Gewürznelke ursprünglich aus China, hat sich aber vor allem auf der Arabischen Halbinsel ausgebreitet. Die Gewürznelke – die noch nicht entfaltete Blütenknopse eines immergrünen Baums – hat vor allem positive Auswirkungen auf die Psyche. Sie beruhigt und lindert Schmerzen.

INGWER
Zingiber officinale

Schon Mohammed schwor auf Ingwerwurzeln, die würzig und unverwechselbar duften. Der Prophet befand, daß die Wirkung von anderen einfachen Arzneimitteln durch die Beigabe von Ingwer verstärkt werde. Ingwer verdünnt das Blut und verhindert Blutgerinnsel. Es gelang Forschern, einen Inhaltsstoff zu analysieren, der dem des Aspirins sehr ähnlich ist. Man kann aus Ingwerwurzeln in der Saftpresse einen Saft machen, der Appetit und Verdauung anregt.

KARDAMOM
Elettaria cardamomum

Die schilfartige Staude stammt zwar aus Indien, fand aber schon zu Urzeiten großen Anklang bei den Arabern. Sie würzen bis heute ihren Kaffee damit (siehe Seite 119). Kardamom wurde hauptsächlich zur Anregung des Kreislaufs, des Hormonhaushalts und des Stoffwechsels eingesetzt. Zur Verbesserung des Atems werden Kardamomsamen gekaut.

KORIANDER
Coriandrum sativum

Koriander war schon im Altertum überall in Ägypten und im Vorderen Orient verbreitet. Er taucht in zahlreichen Heilmitteln auf, wie etwa in den ägyptischen Orientalischen Fröhlichkeitstinkturen; das sind Rauschmixturen, die in den ägyptischen Schriftrollen beschrieben werden. Schon gut 1500 Jahre v. Chr. wird Koriander erstmals in einem ägyptischen Papyrus erwähnt. Auch im Grab des Tutenchamun fand man Koriandersamen. Das Gewürz wurde hauptsächlich gegen

Magenverstimmung verwendet. In Marokko gilt der Koriander noch jetzt als Mittel gegen Dämonen, die sich durch Besessenheit und nervöse Erregung bemerkbar machen. Heute ist nachgewiesen, daß Koriander krampflösend, schwach anregend und antibakteriell wirkt.

Kreuzkümmel
Cuminum cyminum

Der Kreuzkümmel ist eine komplett andere Pflanze als der bei uns bekannte Kümmel. Bereits zur Zeit des Pyramidenbaus wurde Kreuzkümmel bei den alten Ägyptern als Heilmittel eingesetzt. Er hilft gegen vielerlei Beschwerden, vor allem bei Lungenkrankheiten. Kreuzkümmel wird in Ägypten, Marokko und Syrien angebaut. Er schmeckt angenehm frisch, scharf und aromatisch.

Kümmel
Carum carvi

Die Pflanze stammt urspünglich aus Asien, wächst heute aber auch in Europa. Man hat anhand von prähistorischen Funden festgestellt, daß Kümmel schon vor etwa zehntausend Jahren als Gewürz verwendet wurde. Die Samen sind dunkelbraun und sichelförmig, sie schmecken intensiv würzig, leicht süßlich und entfernt nach Anis und Lakritze. Der Inhaltsstoff Terpen hat in etlichen Versuchen einen hemmenden und vorbeugenden Effekt gegen Magen-, Brust- und Lungenkrebs gezeigt. Traditionell wird Kümmel vor allem eingesetzt, um blähende Speisen verträglicher zu machen. Das Kauen von Kümmelfrüchten wird auch bei Mundgeruch und „entgleisten Trieben" empfohlen.

***Zimt** findet in der arabischen Küche häufig Verwendung als Gewürz für Fleisch, Getränke und Medizin*

***Henna** ist eine Basispflanze, die zum Färben (z. B. der Haare) und Bemalen von Händen und Füßen (Mehndis, Tatoos) verwendet wird*

Muskatnuss
Myristica fragans

Die Muskatnuß ist der Samenkern der Frucht des Muskatnußbaums. Muskatblüte – Macis – ist ein völlig anderes Gewürz. Die Muskatnuß stammt ursprünglich aus Asien, hat sich aber durch den schwunghaften Handel vor allem auch bei den Arabern eingebürgert. Muskatnuß kann Räusche erzeugen und sogar tödlich wirken. Ansonsten hat sie eine Reihe beträchtlicher Heilwirkungen. Die Nuß wird vor allem gegen chronische Lungenkrankheiten, Rheuma und Gicht empfohlen. Sie soll Giftstoffe schneller abbauen und sich positiv auf die Leberfunktion auswirken.

Safran
Crocus sativus

Safran ist das teuerste Gewürz der Welt. Sein Name leitet sich vom arabischen *zafaran* (Gelbsein) ab. Safran besteht aus den Narbenästen der Blüte des Safrankrokus und wird mühsam mit der Hand geerntet. Sein Geruch ist intensiv und seine Farbe Orangerot. Safran wird zum Würzen und Färben von Speisen verwendet. Seine Heilwirkung wird bereits in einem Papyrus aus Theben erwähnt. Es soll das Herz stärken, es mit Wärme füllen, die Sinnlichkeit und die Lust anregen sowie Potenzprobleme beheben und Menstruationsbeschwerden lindern.

Zuckerrohr *wird meist gekaut, splittet sich auf und dient dann als „Zahnbürste"*

Bienenpollen *sind eine wertvolle Nahrungsergänzung, die verschiedenen Speisen und Getränken beigemischt werden*

Schwarzkümmel

Nigella sativa

Erst vor kurzem wurde eine weitere vielversprechende Pflanze wiederentdeckt: der orientalische Schwarzkümmel. Er hatte schon in der Heilkunst der alten Ägypter seinen festen Platz. Der Prophet Mohammed verewigte ihn in seinem berühmten Buch Hadith: „Schwarzkümmel heilt jede Krankheit – außer dem Tod.“ Der Koran empfiehlt den Schwarzkümmel als Allheilmittel. In den unscheinbaren, aber wohlduftenden Samenkörnern sollen über hundert heilende Wirkstoffe enthalten sein. Der beste Schwarzkümmel – so sagt man – kommt aus Ägypten.

Der bereits erwähnte orientalische Arzt Avicenna glaubte, daß Schwarzkümmel das Blut reinigt, giftige Substanzen aus dem Körper schwemmt und gegen Schmerzen hilft.

Er galt auch als probates Mittel für die Schönheit. Nofretetes Geheimnis für ihren königlichen Teint soll Schwarzkümmelöl gewesen sein. Auch Kleopatra soll um seine Vorzüge für die Schönheit gewußt haben. Ein mit Öl aus Schwarzkümmelsamen gefülltes Gefäß wurde in der Grabkammer Tutenchamuns gefunden. Schon zu seinen Lebzeiten hielten seine Leibärzte nach üppigen Mahlzeiten stets ein Schälchen mit Schwarzkümmelsamen für eine bessere Verdauung bereit.

Heilkundigen in der Antike und im Mittelalter galt er ebenfalls als Mittel „gegen alles und jedes“. Heute wird Schwarzkümmel bei Neurodermitis und Allergien empfohlen. Inzwischen wissen wir, daß die Wirkstoffe des Schwarzkümmels die übersteigerten und krankmachenden Immunreaktionen bei Allergien normalisieren können. So zeigte die regelmäßige Einnahme von Kapseln mit orientalischem Schwarzkümmelöl eindeutige Erfolge bei Allergien und Hautkrankheiten. Es reicht schon, wenn man einige Tropfen Schwarzkümmelöl in ein Getränk – etwa einen Tee – gibt oder mit Schwarzkümmelsamen kocht und würzt.

Süssholzwurzel

Glycyrrhiza glabra

Die Süßholzwurzel ist ein seit Jahrtausenden verwendetes Gewürz und Heilmittel. Dennoch ist wenig über sie bekannt, außer daß sie gegen quälenden Durst hilft. Ihre heilsame Wirkung zeigt die Süßholzwurzel, auch Lakritzwurzel genannt, ebenso bei Erkältungen und all ihren unangenehmen Begleiterscheinungen. Lakritze treibt erwiesenermaßen den Kreislauf in die Höhe, weshalb Bluthochdruckkranken heute vom Verzehr von Lakritze eher abgeraten wird.

Zimt

Cinnamomum zeylanicum

Zimt gehört zu den ältesten Gewürzen der Welt. Er wird auch schon in der Bibel erwähnt. Man unterscheidet den Zimt vom Zimtstrauch *(Cinnamomum cassia)*, den wir meist hier bei uns kaufen, und den Ceylonzimt oder Kaneel. Der letztere ist feiner im Geschmack und hat eine bessere Heilwirkung. Im Orient wurde er zu kultischen Zwecken und zur Beimischung von Salben verwendet.

Zimt soll den Kreislauf stimulieren und antiseptisch wirken. Er beschleunigt die Erholung nach einer Krankheit und wurde früher dem Wasser zugesetzt, um Krankheitserreger unschädlich zu machen.

HEILENDE GEWÜRZTEES

Anistee gegen Bauchweh

Anistee hilft bei Blähungen, Magen- und Darmbeschwerden sowie Bauchkrämpfen: Ein bis zwei Teelöffel Anissamen mit einer Tasse kochendem Wasser übergießen, nach 15 Minuten abseihen, mit Honig süßen und zwei- bis dreimal täglich trinken. Man kann auch etwas frisch gemahlenen Anis mit Milch und Honig verrühren. Anistee galt auch als aphrodisierender Tee, der vor allem der Samenausschüttung beim Mann „Beine machen" soll. Einen besonderen Anistee – der AFEKÜ-Tee – gibt es im Reformhaus; in ihm sind Anis, Fenchel und Kümmel enthalten.

Biblischer Zimttrank

Zimt – aus Arabien und Indien eingeführt – wird in der Bibel als typisches Reinigungsmittel für den ganzen Körper beschrieben. Obendrein stärkt es die Potenz und regt den Gallefluß an, heißt es. Zimt im Weihnachtsgebäck wird als verdauungsförderndes Gegenmittel zum fetten Essen angesehen. Als Magen- und Kreislaufmittel bereitet man folgendes Rezept zu: Drei Zimtstangen in einem halben Liter Wasser kurz aufkochen, dann zehn Minuten zugedeckt ziehen lassen. Zimtstangen herausnehmen und einen halben Liter Rotwein zum Sud geben. Morgens und abends ein halbes Schnapsgläschen davon trinken. Der bekannte Yogitee aus dem Reformhaus enthält ebensfalls eine Menge Zimt.

Dillwasser gegen Völlegefühl

Wer Magen- und Darmprobleme mit Dill bekämpfen möchte, sollte es einmal mit Dillwasser probieren: Ein Eßlöffel Dillfrüchte – vielleicht aus dem eigenen Garten – wird im Mörser zerstößelt und in einem Topf mit einem Liter Wasser kurz aufgekocht. Drei Stunden ziehen lassen, dann das Wasser abgießen und mit Honig süßen. Dreimal täglich einen Teelöffel davon einnehmen.

Gewürznelken zur Schmerzbekämpfung

Für einen Antischmerztee zerstampfen Sie drei bis vier Gewürznelken und übergießen Sie mit einer Tasse kochendem Wasser. Zwanzig Minuten lang ziehen lassen, abseihen und zweimal täglich ein kleines Glas dieser Mischung auf nüchternen Magen trinken.

Kardamom macht Appetit

Einen Teelöffel gemahlene Kardamomsamen mit einem Teelöffel Pfefferminze überbrühen, fünf Minuten ziehen lassen. Mit Honig süßen und vor den Mahlzeiten in kleinen Schlucken trinken. Regt den Appetit an.
Um die Hormone in Schwung zu bringen, vermischt man täglich einmal eine Messerspitze Kardamom mit einem Glas heißer Honigmilch.

Kreuzkümmeltrank – ein Allheilmittel

Ein Teelöffel Kreuzkümmel wird kurz in einer Pfanne erhitzt, dann mit einem Mörser zerstößelt. Die Masse wird mit etwas Zitronensaft und einer Prise Salz in heißes Wasser gegeben und getrunken.

Kümmeltee beruhigt den Bauch

Wenn Sie zu Bauchweh und Blähungen neigen, probieren Sie es einmal mit Kümmeltee: Kochen Sie sich einen normalen Schwarztee, und geben

Sie eine Messerspitze frischgemahlenen Kümmel hinzu; nach Geschmack mit Honig süßen. Dreimal täglich vor den Mahlzeiten trinken.

Muskattee entgiftet

Für einen Muskatnußtee kochen Sie Ihren Lieblingskräutertee, süßen ihn mit Honig und fügen eine Messerspitze Muskatnuß hinzu. Täglich eine Tasse trinken. Kurmäßig nur zwei Wochen anwenden. Entgiftet und stärkt die Leber.

Süssholzwurzeltee für einen starken Kreislauf

Dreißig Gramm Süßholzwurzeln schälen und zerquetschen, in einem halben Liter Wasser zum Kochen bringen. Fünf Minuten kochen lassen und dann abseihen. In Erkältungszeiten vor den Mahlzeiten ein Gläschen trinken. Wenn Sie nervös sind oder einen zu niedrigen Blutdruck haben, lösen Sie eine Lakritzstange aus der Apotheke in heißem Wasser auf, süßen sie mit etwas Honig und trinken sie langsam in kleinen Schlucken.

Wieviel soll man essen?

Es wird berichtet, daß lange vor der Lebenszeit des Propheten der persische Schah Ardeschir, der Gründer des Hauses der Sassaniden, einen arabischen Arzt gefragt habe: „Wieviel Speise und Trank soll denn ein Mensch täglich zu sich nehmen?"
„Das Gewicht von drei Pfunden", entgegnete der Araber.
Diese Auskunft überraschte den Herrscher, und er rief ungläubig aus: „Was? Und das soll einem Mann genügen, bei Kräften zu bleiben und seine Gesundheit zu bewahren?
„Gewiß", versicherte der Arzt, „und mehr noch als das: Diese Menge, die ich genannt habe, trägt ihn; was er darüber hinaus ißt und trinkt, muß er tragen.
Um zu leben und uns zu besinnen,
bedürfen wir der Speise;
du aber, scheint mir, hältst das Mittel
für das Ziel der Reise!" [6]

HEILKRÄUTER AUS DEM MORGENLAND

Auch Pflanzen, Wurzeln und Früchte spielen traditionell eine große Rolle in der arabischen Medizin. Die meisten der dort verwendeten Pflanzen sind inzwischen auch bei uns heimisch. Wie bei den Gewürzen verwenden viele von uns sie häufig, ohne sich ihrer Herkunft und ihrer heilsamen Wirkung bewußt zu sein. Wenn wir unseren Speisezettel mit einer großen Menge Kräuter und Gewürze bereichern, nehmen wir damit schon vorbeugend „Medizin pur“ zu uns.

Absinth, Wermut
(auch: Beifuß, Eberraute, Estragon)
Artemisia

Zu der Gattung *Artemisia* gehören eine Reihe von Pflanzen. Wermut, Beifuß und Estragon sind die uns bekanntesten. Ihren botanischen Namen verdanken sie der Göttin Artemis. In Griechenland wurde sie als Göttin der Jungfrauen verehrt, im Orient als Herrin der Amazonen. Beifuß und Wermut galten als Geschenk der Göttin an die Frauen. Der Beifuß – wahrscheinlich eine der ältesten Heilpflanzen der Menschheit – wurde zur Geburtserleichterung und zur Linderung von Regelbeschwerden eingesetzt. Dem Wermut wurde eine blutungsfördernde Wirkung nachgesagt. Aus beiden Pflanzen wußte man aber auch eine Mixtur gegen unerwünschte Schwangerschaften zuzubereiten. Während man Beifuß hauptsächlich zur Geburtenkontrolle einsetzte, wurde Wermut gegen Würmer und Schmerzen im Analbereich verordnet, außerdem bereitete man einen Wermutwein daraus, der unter anderem gegen fieberhafte Erkrankungen half. Seinem bitteren Geschmack hat er es zu verdanken, daß der Wermutstropfen sprichwörtlich geworden ist. Im Gegensatz zum Beifuß galt die Eberraute als männliche Heilpflanze, die vor allem die Liebeslust fördern sollte. Das verwandte Kraut Estragon blieb weitgehend in der Küche.

Wermut enthält viele Bitterstoffe und ein ätherisches Öl, das reich an Thujon ist. Dieser Stoff hat in größeren Mengen berauschende und psychedelische Wirkung und bei andauerndem Genuß verheerende Nebenwirkungen. Absinth ist heute verboten. Normal zubereiteter Wermuttee ist jedoch erlaubt, da er nur geringe Menge Thujon enthält. Beifuß sollte vorsichtshalber ausschließlich als Küchenkraut verwendet werden. Schwangere und solche, die es werden wollen, sollten gänzlich die Finger davon lassen.

Basilikum
Ocimum basilicum

Das Kraut stammt zwar aus Indien, gelangte aber schon zur Zeit der Pharaonen nach Ägypten. Es genoß allerdings kein so hohes Ansehen als Medizinalpflanze, man verwendete es eher, um Drachen und andere unliebsame Dämonen zu vertreiben. Heute wissen wir, daß das stark duftende Öl antiseptische und magenstärkende Wirkung hat. Es soll die Libido und bei Stillenden die Milchbildung anregen. Frisch als Kraut auf Tomaten oder Salat schmeckt es besonders gut. Eine persische Spezialität ist das Anisbasilikum.

Bilsenkraut
Hyoscyamus niger

In der Antike war Bilsenkraut eine der wichtigsten Arzneipflanzen. Als Zauberkraut stand es hoch im Kurs. Es besitzt eine starke psychedelische Wirkung. In der Apotheke erhältliches Bilsenkrautöl wird bei rheumatischen Beschwerden oder bei einer erotischen Massage in die Haut massiert.

Eiche

Quercus robur

Die Eiche scheint in vielen Kulturen von jeher Gegenstand eines eigenen Kults gewesen zu sein, wohl auch, weil sie Jahrtausende überdauern kann. Man hielt sie für einen besonders lebenspendenden, wohltuenden Baum. Die Eicheln galten als fruchtbarkeitsfördernd. Eicheln und Eichenrinde wurden als Mittel gegen Entzündungen und Unterleibsbeschwerden eingesetzt. Auch verwendeten die alten Ägypter die Eichenrinde bereits zum Gerben von Fellen.

Eisenkraut (Verbene)

Verbena officinalis

Das Eisenkraut spielte in der Verehrung der ägyptischen Göttin Isis eine bedeutende Rolle. Aus Eisenkraut und Myrte braute man im alten Rom Liebestränke. Ihre medizinische Wirkung wurde hochgelobt; man setzte sie gegen Entzündungen, zur Wundheilung und Fiebersenkung ein. Es gibt im Reformhaus fertigen Zitronenverbenentee und in der Apotheke Eisenkraut *(Verbena herba)* zu kaufen.

Fenchel

Foeniculum vulgare

Diese Pflanze hat man in der spätägyptischen Medizin zur Behandlung von Augenkrankheiten eingesetzt. Die Samen wurden zur Förderung der Verdauung verwendet. Der Gebrauch von Fenchel als Fruchtbarkeitssymbol und -bringer hat sich bis in die frühe Neuzeit bei den Hexen Norditaliens erhalten.

Getreide

Hordeum vulgare (Saatgerste); *Triticum monococcum* (Emmer); *Triticum durum* (Hartweizen); *Avena sativa* (Hafer)

Im alten Ägypten war vor allem die Kultivierung von Emmer und Gerste die Grundlage der Wirtschaft. Aus ihnen wurde Brot und Bier zubereitet. Bier galt als eines der wichtigsten Lösungsmittel für die Inhaltsstoffe von Heilkräutern. Vor allem hefehaltige Weizenbiere eignen sich zu medizinischen Zwecken. Getreide galt sogar als Währung. Grünen Hafertee gibt es als Tee im Reformhaus.

Granatapfelbaum

Punica granatum

Der Granatapfelbaum stammt aus dem Orient, wird aber seit dem Altertum auf Zypern gezüchtet und angebaut. Frucht und Blüte verkörpern die beiden Pole der Sexualität: weiblich und männlich. Der Granatapfel wird auch als Baum der Erkenntnis gesehen. Der verbotene Apfel, mit dem Eva Adam verführte, soll demnach kein Apfel, sondern ein Granatapfel gewesen sein. Einigen Sagen des Altertums zufolge wuchs der Granatapfelbaum aus dem Blut Dionysos.

Andere berichten davon, daß Aphrodite – die Göttin der Liebe – den ersten Granatapfelbaum eigenhändig gepflanzt habe. Der aus Granatäpfeln gewonnene Wein galt als Aphrodisiakum. Blüten und Rinde wurden in der ägyptischen Medizin bei Magen- und Darmproblemen und als Wurmmittel verordnet. Der ausgepreßte Fruchtsaft eignet sich zur Behandlung von Zahnfleischentzündungen, bei Fieber und Erkältungen.

Von den Ägyptern hatten auch die Israeliten den Brauch übernommen, aus Blüten und Früchten

des Granatapfelbaums Heilmittel zuzubereiten. Aus Granatäpfeln stellten sie eine erfrischende Limonade her. Der Grenadinesirup, bestehend aus Granatapfelfleisch und Zucker, galt als wirksames Fiebermittel. Heute findet er vor allem beim Mixen von Cocktails Verwendung.

Kamille
Chamomilla recutita

Den alten Ägyptern galt die Kamille als Geschenk der Götter. Sie verehrten sie als Blume des Sonnengottes Ra. Sie hatte aber auch im germanischen Götterhimmel ihren Platz; hier betrachtete man sie als heilige Pflanze des Frühlings und Lichtgottes Baldur.

Arabische Ärzte des Altertums verabreichten das Öl der Kamille als Schmerzstiller. Sie wurde auch gegen Gelbsucht, bei Nierenleiden und Zahngeschwüren eingesetzt. Bereits die alten Ägypter verwendeten Kamillensalbe für die Hautpflege. Auch ihre Mumien balsamierten sie damit ein. Die griechischen und römischen Heilkundigen empfahlen Kamillentee zur Entzündungshemmung. Die duftende Pflanze wurde auch gegen Unruhe, Reizbarkeit, Schlafstörungen und Menstruationsbeschwerden verwendet. Heute kennen wir die Kamille als eines unserer wirkungsvollsten Heilkräuter. Kaum ein Wehwehchen, das sich nicht damit kurieren läßt! Sie beruhigt nachgewiesenermaßen überreizte Nerven, fördert den Schlaf und ist unersetzlich bei der Behandlung von Wunden und Erkältungen. Die Schulmedizin hat inzwischen viele der alten Erkenntnisse bestätigt.

Keuschlamm
Vitex agnus-castus

Die auch Mönchspfeffer genannte Pflanze war bereits den alten Ägyptern bekannt. Man verordnete sie gegen Wahnsinn und Raserei. Einerseits versuchte man, Mönchen mit dem Keuschlamm die Enthaltsamkeit zu erleichtern, andererseits ist besonders von marokkanischen Mischungen die aphrodisierende Wirkung bekannt. In den Samen ist ein Hormon enthalten, das bei aller Art von gynäkologischen Beschwerden Erleichterung verschafft. Der Mönchspfeffer hat sich zu einem der erfolgreichsten alternativen Heilmittel in der Gynäkologie entwickelt, das unter anderem in Tropfenform (z. B. Agnolyt, Mastodyn) rezeptfrei in der Apotheke erhältlich ist.

Knoblauch
Allium sativum

„Knobi", wie die Pflanze liebevoll von ihren Anhängern genannt wird, ist inzwischen ein fester Bestandteil unserer Küche. Nur selten noch wird über den Geruch von Knoblauch „gelästert". Die Pflanze ist ein uraltes Heilmittel und wurde im alten Ägypten schon den Arbeitern zur Stärkung verabreicht. Im *Papyrus Ebers* sind etliche Rezepturen mit Knoblauch erwähnt. Die vielfältigen Heilwirkungen der Zwiebelpflanze werden heute auch wissenschaftlich bestätigt. Sie wirkt antibakteriell, antikanzerogen und beugt Herz- und Kreislauferkrankungen vor. Knoblauch regt Appetit, Verdauung und Liebeskraft an.

Linde
Tilia

Lindenblüten galten schon in der Antike als eines der ältesten Heilmittel, dennoch sind die Zeugnisse über ihren Einsatz recht spärlich. In Ägypten wurden die Lindenblüten vermutlich importiert. Auch bei uns gehören Lindenblüten zu den altbewährten Heilmitteln. Sie wirken schweißtreibend und stärken die Abwehrkäfte.

Meerträubel
Ephedra vulgaris

Das Meerträubel gehört – so der Ethnopharmakologe Christian Rätsch – zu den ältesten rituellen Pflanzen der Menschheit. Über seine medizinische Wirkung ist wenig überliefert. Das Meerträubel wurde zumeist als Wein getrunken. Angeblich stimulierte es bis zur Raserei. Auf Zypern wurde Ephedratee zur schnelleren Niederkunft gegeben. Heute weiß man, daß alle Ephedraarten gefäßverengend, kreislaufstimulierend und blutdrucksteigernd wirken. Sie regen das zentrale Nervensystem an und lösen Krämpfe, insbesondere solche der Atemwege. Der Wirkstoff Ephedrin ist in vielen Hustensäften enthalten. Ephedraextrakt gilt als Aphrodisiakum – besonders für Frauen.

Minzen
Mentha

Die verschiedenen Minzearten gehören ebenfalls zu den ältesten Heilmitteln der Welt. Sie wurden recht früh auch medizinisch zur Magenberuhigung und bei Magen- und Darmbeschwerden genutzt. Daran hat sich bis heute nichts geändert. Minzeöl und Minzetee waren Heilmittel gegen Rückenschmerzen, Husten und Bronchitis. Das Öl stellte man so her: Man preßte aus frischen Minzeblättern den Saft heraus – etwa eine halbe Tasse –, vermischte ihn mit Olivenöl und stellte das Gefäß vierzehn Tage in die Sonne.
Die Pfefferminze ist der Inbegriff des arabischen Heilkrauts. Sie ist eine der ältesten bekannten Pflanzen überhaupt und reich an mentholhaltigen Ölen, Gerb- und Bitterstoffen. Sie wirken desinfizierend bei Magenproblemen und lindern Bauchkrämpfe. Traditionell wird Pfefferminze bei uns als bewährtes Hausmittel gegen Übelkeit und Erbrechen eingesetzt. Sie regt den Gallenfluß und die Leberfunktion an.

Orchidee
Orchis

Der Name Orchidee leitet sich vom griechischen *orchis* (Hode) ab. Sie wurde auch Knabenkraut – arabisch *salep* – genannt und galt als außerordentliches Aphrodisiakum. Ein Tonikum linderte Magen- und Darmbeschwerden. In Griechenland gibt es *salepi*-Verkäufer, die ein kaffeeartiges Getränk aus den Wurzeln der Orchidee anbieten.
Gelegentlich kann man Salepmehl oder fertige Saleptränke auch bei uns im Handel (zum Beispiel in der Apotheke) oder in türkischen Läden erwerben.

Majoran/Oregano
Origanum majorana

Majoran und Oregano gehören beide in dieselbe Pflanzenfamilie und sind sich auch „äußerlich und innerlich“ ähnlich. Majoran ist ägyptischen Ursprungs. Man glaubte, daß allein der Duft vor Krankheiten schützen könne. Beide Kräuter haben cholesterinsenkende und fettabbauende Ei-

genschaften. Sie regen die Verdauung an und wirken antibakteriell.
Der arabische Majoran ist eines der populärsten Gewürze der biblischen Welt. In Arabien und Israel heißt er Zatar. In allen Wüstenländern des Vorderen Orients, in denen das Kraut wild wächst, wird es häufig verwendet. Das würzigste kommt aus den heißen Wüstenregionen. Man nimmt an, daß dieses Kraut der Ysop ist, der in der Bibel erwähnt wird. Daneben gibt es noch syrischen Majoran. (Bezugsquellen für beide Kräuter siehe Seite 153.) Majorantee ist bei Erkältungen ausgesprochen wohltuend.

Petersilie

Petroselinum crispum

Die Petersilie gilt seit altersher als Heilkraut. Sie wirkt appetitanregend, fördert den Harnfluß und steigert die Libido. Man verwendet Blätter und Wurzeln. Die Petersilie ist das gebräuchlichste hiesige Gartenkraut. Ihre Samen wurden früher als Abtreibungsmittel verwendet. Petersilie als Küchenkraut ist unbedenklich, medizinische Petersilienzubereitungen sind jedoch nicht geeignet für Schwangere und solche, die es werden wollen, da sie die Gebärmutter reizen können.

Pfingstrose (Päonie)

Paeonia officinalis

Die Pfingstrose ist nach Plinius d. Ä. die älteste Gartenblume. Ihr wurde auch eine mystische Verbindung zum Mond zugeschrieben. Bei uns setzte man sie früher gegen alle Krankheiten und Beschwerden ein, die durch Behexung entstehen. In der Tat wirkt sie schmerzstillend und krampflösend. Pfingstrosenblütentee gibt es fertig in der Apotheke zu kaufen.

Raute

Ruta graveolens

Die Raute stammt aus dem östlichen Mittelmeerraum und gilt als Wunderkraut, das mit der Mondgöttin Diana und ihren orgiastischen Festen in Verbindung steht. Im Mittelalter wurde sie als Hexenkraut bekannt. Sie sollte gegen den bösen Blick helfen, Männer vor Impotenz und Frauen vor Unfruchtbarkeit bewahren. Das Öl der Raute wirkt entzündungshemmend und menstruationsfördernd. Hohe Dosierung kann Fehlgeburten verursachen.

Rose

Rosa

Die Rose galt im alten Ägypten als Allheilmittel. Sie war „der Duft der Götter" und mußte sogar importiert werden, weil der Bedarf so groß war. Rosenöl, Rosenwasser und Rosentee waren sehr beliebt. Der bereits erwähnte persische Arzt Avicenna widmete der Rose ein ganzes Heilbuch. Die vitaminreichen Hagebutten wurden als Kräftigungsmittel verabreicht. Sie enthalten sehr viel Vitamin C und andere wertvolle Vitamine, Mineral- und Gerbstoffe sowie Fruchtsäuren. Das Rosenöl soll ausgleichend wirken und Körper und Seele harmonisieren. Die Rose galt im Orient aber auch als Geschenk an die Schönheit – das können Sie auf Seite 59 nachlesen.

Rosmarin

Rosmarinus officinalis

Es gibt verschiedene Mythen über die Entstehung von Rosmarin. Einer besagt, es sei ein assyrischer Jüngling gewesen, der von Göttern in einen Rosmarinstrauch verwandelt wurde, als ihn seine-

Feinde verfolgten. Rosmarin – der Meertau – war eine der beliebtesten ägyptischen Pflanzen. Die Inhaltsstoffe wirken stimulierend, stärken das Herz, lösen Krämpfe und töten Keime ab. Rosmarintee gibt es fertig zu kaufen. Er wird vor allem bei Magen- und Darmbeschwerden empfohlen: Einen Teelöffel Rosmarinblätter mit einer Tasse kochendem Wasser überbrühen; nach fünfzehn Minuten abseihen. Drei- bis viermal täglich eine Tasse frischen Tee trinken.
In Griechenland wird Rosmarinwein hergestellt, der gegen Herzschwäche helfen soll. Einige Zweige mit einer Flasche Weißwein übergießen und einige Tage stehenlassen. Ein Gläschen täglich stärkt das Herz.

Sandelholz

Der Prophet Mohammed empfahl das „indische Holz" als Behandlung bei sieben Krankheitsbildern. Schon alte arabische Überlieferungen gehen auf die Inhalation des aus dem Sandelholz gewonnenen Öls ein. Aromatherapeuten setzen das duftende Öl – gewonnen mit Wasserdampf aus Kernholzspänen und Wurzeln – heute vor allem bei Halsentzündungen, Hautbeschwerden, Infektionen, Nervosität und Infektionen der Harnwege oder der Geschlechtsorgane ein, denn es wirkt antiseptisch, krampflösend und beruhigend. Wegen seines anregenden Dufts wird es auch als Aphrodisiakum verwendet.

TAMARISKE
Tamarix

Die Tamariske ist eine typische Nilpflanze. Sie wurde bereits in den Pyramidentexten erwähnt. Noch heute ist die Tamariskengalle vor allem in Marokko ein beliebtes Haarpflegemittel. Sie wird auch zur Behandlung von Magen- und Darmproblemen verwendet. Die Tamariske wirkt entzündungshemmend. Ein Tamariskentee hilft gegen Entzündungen.

THYMIAN
Thymus vulgaris

Im alten Ägypten wurden vor allem die Einbalsamierungssalben für die Mumien mit Thymian aromatisiert. Sie wurden aber auch gegen Hautflechten eingesetzt. Thymian wirkt stark entzündungshemmend und antibakteriell. Thymiantee bekommt man in der Apotheke. Einen Teelöffel mit kochendem Wasser übergießen und zehn Minuten ziehen lassen. Abseihen. Mehrmals täglich eine Tasse trinken. Hilft bei Halsentzündungen und Husten.

ZITRONE
Citrus limon

Die Zitrone gilt als eine der bewährtesten orientalischen Heil- und Schönheitspflanzen. Gegen Ohrenschmerzen empfiehlt die arabische Medizin eine Mischung aus Zwiebelsaft und Zitronenöl. Man sagt, das Zitronenöl sei in der Lage, krankheitserregende Bakterien abzutöten. Die Aromatherapie setzt die Zitrone gegen alle Begleiterscheinungen von Erkältungen und Grippe, bei Magen- und Darmbeschwerden, nervöser Anspannung und Hautproblemen ein.

Heiltees aus Kräutern

Basilikumtee bei Völlegefühl und Blähungen

Basilikumkraut gibt es als Tee fertig zu kaufen: Zwei Teelöffel werden mit einer Tasse kochendem Wasser übergossen und nach fünfzehn Minuten durch ein Sieb abgeseiht. Zwei- bis dreimal täglich eine frisch zubereitete Tasse Tee trinken.

Basilikum-Mandelmilch für das Wohlbefinden

Geben Sie eine Handvoll Basilikumblätter mit einem Eßlöffel Honig und einem Eßlöffel Mandelmus mit einer halben Tasse Milch in den Mixer. So lange mixen, bis von den Blättern kaum mehr etwas zu sehen ist. Dann noch einen halben Liter Milch hinzufügen und erneut mixen.

Beruhigungstee mit Raute

Zu gleichen Teilen Rautenblätter, Baldrian, Melisse, Weißdornblüten, Mistel und Kümmel mischen. Die Mischung am besten in der Apotheke besorgen und nach Gebrauchsanweisung herstellen. Nicht zu häufig anwenden.

Eichenrindentee gegen Entzündungen

Eichenrinde gibt es als Fertigarzneimittel zu kaufen. Zwei Teelöffel Eichenrinde werden mit einem Viertelliter Wasser für drei bis fünf Minuten ausgekocht. Für eine Gurgellösung bei Zahnfleischentzündungen nimmt man zwei Eßlöffel auf einen halben Liter Wasser und läßt das Ganze fünfzehn bis zwanzig Minuten kochen.

Ephedratee erleichtert die Atmung

Ephedrakraut gibt es in der Apotheke zu kaufen. Für einen Tee nimmt man einen gehäuften Teelöffel auf einen Viertelliter kochendes Wasser. Zehn Minuten ziehen lassen. Wirkt erleichternd bei allen Atemwegserkrankungen. Man kann auch Kardamom, Anis und Fenchel hinzugeben.

Estragontee macht Appetit

Einen Teelöffel getrockneten Estragon aus dem Gewürzbord mit einer Tasse kochendem Wasser aufbrühen. Vor den Mahlzeiten eine Tasse trinken, bei Bedarf auch öfter.

Granatapfelblütentee bei Durchfall

Ein Teelöffel der getrockneten Blüten wird mit einer Tasse kochendem Wasser überbrüht, sofort abgeseiht und nicht zu heiß getrunken. Als Medizin wurde der Blütentee gegen Durchfall und Ruhr verwendet. Granatapfelblüten gibt es bei uns nicht zu kaufen, aber man kann versuchen, sich im Garten selbst ein Bäumchen zu ziehen. (Bezugsquelle für Granatapfelbäume Seite 153.)

Kamillen-Kümmel-Tee

Das verschafft Linderung bei Schmerzen vor und während der Regel: Kamillentee wie gewohnt zubereiten, einige zerstoßene Kümmelfrüchte dazugeben. Möglichst warm und in kleinen Schlukken trinken. Eine bis zwei Tassen am Tag.
Kamille sollte jedoch nicht auf Dauer angewendet werden; denn dann kann es zu Bindehautentzündungen und nervöser Unruhe kommen.

Kamillentee – das Allheilmittel

Kamillenblüten und Römische Kamille gibt es heute überall zu kaufen. Kamillentee ist in fast jeder Familie ein bewährtes Hausmittel. Einen Tee bereitet man so zu: Einen Eßlöffel Kamillenblüten mit einer Tasse heißem Wasser übergießen und nach zehn Minuten durch ein Sieb abseihen. Für ein heilsames Dampfbad werden in einer Schüssel ein bis zwei Eßlöffel Kamillenblüten mit Wasser überbrüht. Kurz ziehen lassen, bis die Hitze erträglich ist; Dampf über der Schüssel und unter einem Handtuch inhalieren.

Lindentee bei Husten, Schnupfen, Heiserkeit

Lindenblütentee gibt es in Kräuterläden, Reformhäusern und Apotheken als Fertigprodukt zu kaufen. Lindenblütentee hilft bei Husten, Erkältungen, Fieber und Schlaflosigkeit. Man kann noch Hagebutten, Kamille, Pfefferminze und Malven dazumischen.

Pfefferminztee gegen Magenschmerzen

Einen Eßlöffel getrocknetes Pfefferminzkraut mit einem Viertelliter siedendem Wasser überbrühen, eine Viertelstunde zugedeckt ziehen lassen, gelegentlich umrühren und abseihen. Den Tee nach oder zwischen den Mahlzeiten in kleinen Schlückchen trinken. Verwendet man ihn nicht aus therapeutischen Gründen, wird er im Orient sehr stark gezuckert. Wer zu Gallenkoliken neigt, sollte sich eine Mischung aus Pfefferminz- und Wermuttee zubereiten: Einen Eßlöffel Pfefferminzblätter mit einer Tasse kochendem Wasser übergießen und fünf bis zehn Minuten ziehen lassen; dann durch ein Teesieb abseihen. Täglich drei- bis viermal eine Tasse frischen Tee trinken. Im Orient werden Minzblätter auch gern in grünen oder schwarzen Tee gegeben (siehe Seite 116).

Pfefferminzöl: Das Heilöl wird bei Kopfschmerzen und Migräne in die Schläfen einmassiert. Gegen Erkältungen gibt man drei Tropfen Öl in ein Glas Milch. Das Öl kann auch zum Inhalieren verwendet werden.

Rosentee bei Erkältung und Fieber

Der klassische Hagebuttentee ist nichts anderes als ein Rosentee, denn die Hagebutte ist ja bekanntlich die Frucht der Rose. Er ist zu Unrecht als Jugendherbergstee verschrien und hilft bei Erkältungen und Fieber. Es gibt den Hagebuttentee fertig als Teebeutel. Wer sich etwas Besonderes leisten will, streut eine Handvoll frischer Rosenblätter darüber.

Wermuttee gegen Magen- und Darmverstimmung

Einen halben Teelöffel Wermutkraut aus Apotheke oder Reformhaus mit einer guten Tasse heißem Wasser aufgießen und zehn Minuten ziehen lassen. Mehrmals täglich eine Tasse frisch zubereiteten Tee ein halbe Stunde vor den Mahlzeiten in kleinen Schlucken trinken. Bei Überdosierung kann es zu Erbrechen, Durchfällen und Krämpfen kommen.

Biblischer Ysoptee

„Entsündige mich mit Ysop, dann werde ich rein; wasche mich, dann werde ich weißer als der Schnee“ (Psalm 51,9) heißt es in der Bibel. Das Kraut ist eine dem Majoran verwandte Pflanze. Ysop in Essig gekocht, galt als ein probates Betäubungsmittel. Man gab es Schwerverletzten oder Gekreuzigten zu trinken – so auch Jesus. „Ein Gefäß mit Essig stand da. Sie steckten einen Schwamm mit Essig auf einen Ysopzweig und hielten ihn an seinen Mund.“ (Johannes 19,29)
Die Soldaten wollten ihn also nicht verhöhnen, sondern ihm helfen, die Schmerzen zu ertragen.
Ysoptee soll das Herz stärken und Schweißausbrüche verhindern. Dafür wird getrocknetes Ysopkraut aus der Apotheke mit einer Tasse kochendem Wasser überbrüht, nach zehn Minuten abgeseiht und vor dem Schlafengehen schluckweise getrunken.
Auch der Maulbeerfeigenbaum lieferte der Bibel zufolge einen Heiltee. Ein Teelöffel frischer oder getrockneter Blätter wurde mit einer Tasse Wasser kurz aufgekocht und abgeseiht. Er sollte Magen und Darm durchputzen. Ein Tee aus der Rinde war ein beliebtes Abführmittel: Einen Teelöffel Blätter mit kaltem Wasser aufsetzen, kurz aufkochen und zehn Minuten ziehen lassen.

Das Paradies im Garten

Der gesamte Orient pflegt eine ganz besondere Beziehung zum Garten. Zu fast jedem Haus – und war es auch noch so klein – gehörte einst ein Garten. Anders als bei uns lagen diese Gärten nicht vor oder hinter dem Haus, sondern mittendrin – als Gartenhof oder Patio –, zumindest aber waren sie von hohen Mauern umgeben, so daß dort absolute Ruhe und Abgeschiedenheit herrschten. Hinter unansehnlichen Mauern können sich im Orient noch heute die schönsten Gärten verbergen.

Je prächtiger das Haus, desto eindrucksvoller wurde auch der Gartenhof gestaltet. In den Palästen gab es oft mehrere Innenhöfe, die einem unterschiedlichen Zweck dienten: Sie konnten eine Art Audienzraum sein, in dem der Hausherr Besucher und Bittsteller empfing, oder ein Ort, an dem geherrscht und Politik gemacht wurde. Der innerste Hof war meist der Familie, dem Herrn und seinen Frauen vorbehalten. Manchmal besaßen die Frauen auch noch einen Hof für sich allein. In diesen abgeschiedenen Gartenhöfen konnte man sich die Zeit aufs schönste vertreiben.

Gartenhöfe ähneln sich im gesamten Orient in Architektur und gärtnerischer Gestaltung. Gleißendes Sonnenlicht, plätscherndes Wasser, blühende, duftende Blumen und Sträucher sind die drei Grundelemente, aus denen das Paradies auf Erden besteht. Aber auch schattenspendende Obstbäume, Gewürze, Gemüse- und Heilpflanzen sind in ihm zu finden. Nicht selten entstehen aus rankenden Weinreben bezaubernde Lauben. Häufig findet man eine kreuzförmige Anlage, die – von kleinen Kanälen durchzogen – im Brunnen in der Mitte ihr Zentrum hat. Strenge Linien und harmonische Proportionen lassen den Garten er-

haben wirken. Die Haupträume der Gebäude öffnen sich so zum Hof, daß sich dem Betrachter ein besonders schöner Blick bietet. In manchen Höfen wurde auch ein breiter Kanal in der Mitte angelegt, dessen Spiegelung – das faszinierende Spiel von Licht und Schatten auf dem Wasser und an den Wänden der Gebäude – man als wichtiges Stilmittel betrachtete. Aus manchen Perspektiven verwandelte sich das Haus oder der Palast zu einem schwimmenden Schloß, indem alle Konturen sanft ineinanderfließen und eine Botschaft verkünden: Der Mensch ist so vergänglich wie die Spiegelung. Das Wasser in den kleinen Brunnen und Kanälen soll nur leise dahinplätschern wie beruhigende Musik, die zur Kontemplation anregt. In gestutzten Buchsbaumhecken mit blühenden Beeten dazwischen oder Wandelgärten mit Zypressen spiegelte sich die Freude am Gestalten der Natur.

Der orientalische Garten symbolisiert den Paradiesgarten und wird in Musik, Dichtung und Erzählkunst verherrlicht. Er ist das Symbol der Oase inmitten der Wüste, ein Ort der Ruhe, indem unablässig lebenspendendes Wasser fließt, dem die Kraft der inneren Reinigung innewohnt. Alle Pflanzen haben eine metaphorische Bedeutung. Obwohl sehr vergänglich, soll der Garten dem Betrachter einen Hauch von Ewigkeit vermitteln.

Der exotische Küchengarten

Wie die Liebe geht auch gute Stimmung durch den Magen. Darüber weiß die orientalische Küche eine Menge zu berichten. Sie kennt viele Früchte, Gemüse, Kräuter und Gewürze, die die Stimmung verbessern. Je nach gewünschter Wirkung können Sie sie in Ihrer Küche verwenden und sogar einige davon im eigenen Garten oder auf der Fensterbank ziehen. Sie haben die Möglichkeit, sie nach Farben zu pflanzen und nach Farben in der Küche zu verwenden. Schon die alten Ägypter setzten die Farben der Nahrung mit ihrer unterschiedlichen Wirkung und Energie ganz gezielt als Heilmittel und Stimmungsmacher ein.

Der exotische Garten wirkt ja bereits über das Auge wie ein Gute-Laune-Kick. Die leuchtenden Farben von Früchten wie gelbe Zitronen, gelbgrüne Limonen, knallrote Tomaten, orangefarbene Apfelsinen, knackiggrüne Kräuter und Salate, fast schwarze Maulbeeren, rostrote Granatäpfel und dunkelrote Kirschen wetteifern mit denen der Blüten von Jasmin, Orangen, Rosen, Rubinien, Hibiskus, Borretsch, Kapuzinerkresse, Lavendel, Monarden, Kamille, Schafgarbe, Anisysop, Malven, Chrysanthemen, Ringelblumen und den unterschiedlichen Grüntönen der Pflanzen. Auch diese Farbenpracht ist es, die uns an den orientalischen Gärten so fasziniert.

Man glaubt, daß die verschiedenen Farben der Nahrungsmittel auch unterschiedliche Stimmungen beeinflussen können – ähnlich wie bei den auf Seite 97 ff. beschriebenen Badezusätzen.

- Rot soll die Leistung steigern, die Stimmung heben, den Körper reinigen und die Lebensenergie fördern. Zu den besonders wirkungsvollen roten Nahrungsmitteln gehören die Rosenfrucht Hagebutte, Klatschmohn, rote Bete und Rosen.

- Orange stimuliert die Atmung und sorgt für heitere, gelassene Stimmung. Zu den wirkungsvollsten orangefarbenen Nahrungsmitteln gehören Kürbis, Orangen, Möhren und Mango.

- Gelb harmonisiert den Energiefluß, spendet Kraft und regt die Denktätigkeit an. Zu den besten gelben Nahrungsmitteln gehören Zitronen, gelbe Äpfel, gelber Paprika, Dinkel und Löwenzahn. Safran, Kurkuma und Curry gelten als heilende und stimmungsfördernde gelbe Gewürze.

• Ein helleres Gelb – Lemon – macht meditativ und offen für größere Zusammenhänge. Zu den lemonfarbenen Nahrungsmitteln gehören Artischocke, Avocado – ganz wichtig – Olivenöl und natürlich Zitronen und Limonen.

• Grün soll die stärkste Heilkraft von allen Farben besitzen, Geist und Seele entgiften und Glücksgefühle auslösen. Zu den wirksamsten grünen Nahrungsmitteln zählen natürlich alle Kräuter, grüne Salate, Brokkoli, Spinat und Kohl.

• Rosa macht das Herz frei und sorgt für Herzenswärme. Zu den rosafarbenen Nahrungsmitteln gehören alle roten Beerenfrüchte, Rhabarber und Rosenblätter.

• Blau soll die Nerven beruhigen und den erholsamen Schlaf fördern. Zu den blauen Nahrungsmitteln zählt man die Blüten von Borretsch und Thymian, Pflaumen und blaue Trauben. Zu den eher violetten Nahrungsmitteln, die den Organismus reinigen sollen, rechnet man Auberginen, Heidelbeeren und Holunder.

Anregende orientalische Kräuter, Gewürze und Früchte

Gartenkräuter	Gewürze	Früchte
Basilikum	Gewürznelke	Aprikose
Beifuß (Wermut)	Ingwer	Artischocke
Bockshornklee	Koriander	Granatapfel
Bohnenkraut	Kümmel	Limone
Estragon	Lakritze	Orange
Liebstöckel	Muskatnuß	
Melisse	Pfeffer	
Minze	Zimt	
Petersilie		
Rosmarin		
Salbei		
Schnittlauch		
Sellerie		
Thymian		
Zitronenmelisse		

Ausgleichende und beruhigende orientalische Kräuter, Gewürze und Früchte

Gartenkräuter	Gewürze	Früchte
Dill	Anis	Ananas
Fenchel	Ingwer	Apfel
Kamille	Kümmel	Bananen
Knoblauch	Salbei	Datteln
Majoran	Wacholder	Feigen
Melisse		Granatapfel
Oregano		Heidelbeeren
Pfefferminze		Möhre
Rettich		Pampelmuse
Salbei		Paprika
Senf		Tomate

Die Zauberkraft der Kräuterblüten

Auch bei uns hört man immer öfter davon, daß man von vielen Kräutern die Blüten nicht nur zur Verzierung verwenden, sondern sie auch essen kann, daß sie gut schmecken und darüber hinaus vielfältige Wirkung entfalten. Die Blüten der Kräuter aus dem Orient sind häufig filigrane, pastellfarbene Wunderwerke. Wenn Sie einen eigenen exotischen Kräutergarten anlegen, werden Sie feststellen, daß die Blüten sehr rasch von Bienen und Hummeln umschwärmt sind, die ihren Nektar zu schätzen wissen. Pflanzen Sie farbenkräftige eßbare Blumen – zum Beispiel die rot-, orange- und gelbblühende Kapuzinerkresse, die scharlachrotblühende Monarde (die wir ursprünglich den Indianern verdanken), die gelbe Tagetes und die violette Duftpelargonie – zwischen die Kräuter, so wird sich Ihr Küchengarten schon bald in ein wogendes Blütenmeer verwandeln.

Zu den eßbaren Blütenkräuterpflanzen zählen aus der Familie der

- Doldenblütler, die meist weiß oder grünlichgelb blühen:
  Anis
  Dill

Ätherische Öle, die sich auch in der Küche verwenden lassen

Anregend	Entspannend aufhellend	Stimmungs
Basilikum	Basilikum	Basilikum
Eukalyptus	Kamille	Kamille
Fenchel	Majoran	Lavendel
Gewürznelke	Mandarine	Mandarine
Ingwer	Rose	Pampelmuse
Muskatnuß	Wacholder	Zitrone
Orange		
Pampelmuse		
Pfefferminze		
Rosmarin		
Zimt		

- Fenchel
  Koriander
  Kümmel
  Liebstöckel

- Lippenblütler, die oft ganz besonders intensiv duften:
  Basilikum
  Lavendel
  Minze
  Rosmarin
  Salbei
  Thymian
  Ysop

- Korbblütler, die eher ein bitteres Aroma haben:
  Beifuß
  Estragon
  Wermut

- Kreuzblütler, die angenehm scharf schmecken:
  Kresse
  Rauke
  Winterkresse

Kräuterblüten in der Küche

Mit den eßbaren Blüten der Küchenkräuter lassen sich Salate, Suppen, Süßspeisen und Getränke dekorativ anrichten und geschmacklich verfeinern. Die Blüten haben meist auch heilende Inhaltsstoffe, würzen jedoch etwas sanfter als die Blätter. Besonders zum Verzehr geeignet sind

- die kugeligen blauen oder weißen Blüten des Schnittlauchs, einzeln oder ausgezupft. Sie schmecken ganz leicht nach Zwiebel und sind fein in Salaten, Suppen oder Kräuterbutter.

- Mit den hellblauvioletten Thymian- und den weißen Bohnenkrautblüten kann man Käse verfeinern und Salate garnieren. Thymianblüten sind eine hübsche Dekoration für Honigbrote und alle -speisen.

- Die violetten Lavendelblüten mit ihrem ganz spezifischen Geschmack eignen sich ebenfalls für Süßspeisen. In Italien werden sie auch als Würze für Brathähnchen verwendet.

- Die himmelblauen Sternchen des Borretsch haben ein frisches, leichtes Gurkenaroma und machen sich in Salaten, Suppen, sommerlichen Gemüsen, Getränken und in manchen Desserts besonders hüsch. Manchmal reicht man sie auch kandiert zum Nachtisch.

Exotische Blumenblüten in der Küche

Blüten – nicht nur von Kräutern, sondern auch von Blumen, Sträuchern und Bäumen – stellen in der Küche eine ganz besondere Delikatesse dar und können als Dekoration verwendet werden. Schon die alten Orientalen wußten sie zu schätzen. Sie verfeinerten ihre Gerichte mit Nelkenblüten, Ringelblumen und Orangenblüten. Schon im 4. Jahrhundert v. Chr. liebte man in Persien die Kapuzinerkresse sowie Speisen mit Rosenblüten und Veilchen.

Eßbare exotische Blüten, die – neben den oben genannten Küchenkräutern – in Ihrem Küchengarten nicht fehlen sollten, liefern Schafgarbe, Anisysop, Malve oder Stockrose, Engelwurz, Zitronengras, Duftpelargonie (Zitronenpelargonie, Pfefferminzpelargonie, Rosenpelargonie), Kapuzinerkresse, Honigmelonensalbei, Zitronenverbene (Zitronenstrauch), Monarde, Blattpfeffer und Gewürztagetes, Ringelblume, Kamille, Chrysantheme, Zichorie, Nelke, Fuchsie, Taglilie, Nachtkerze, Veilchen und Rubinie.

Folgende Blüten sind eßbar

Anisysop
Artischocke
Baldrian
Basilikum
Borretsch
Brautmyrrhe
Chrysantheme
Dill
Engelwurz
Fenchel
Fuchsie
Holunder
Kamille
Kapuzinerkresse
Katzenminze
Koriander
Lavendel
Löwenzahn
Mädesüß
Monarde
Nachtkerze
Nachtviole
Nelke
Orange
Oregano
Pelargonie
Phlox
Portulak
Primel
Rauke
Ringelblume
Rose
Rosmarin
Rubinie
Salbei
Schafgarbe
Schlüsselblume
Schnittlauch
Sonnenblume
Stiefmütterchen
Stockrose
Süßdolde
Taglilie
Thymian
Veilchen
Wegwarte
Wiesenklee
Ysop
Zitrone
Zitronenstrauch
Zucchini[7]

Ausgewählte Traumrezepte mit exotischen Blüten

Orangensalat mit Malvenblüten
(als Vorspeise für 4 Personen)

2 Endivienköpfe, zerpflückt
6 Orangen (ungespritzt)
25 g gehackte Walnüsse
6 Malvenblüten ohne Grün und Staubgefäße
2 Blüten zum Garnieren

Salatsauce
1 Becher Crème fraîche (200 ml)
4 Eßlöffel Olivenöl
2 Eßlöffel Zitronensaft
Salz
Frisch gemahlener Pfeffer

Endivie mit der abgeriebenen Schale einer Orange in einer Schüssel vermengen. Saft beiseite stellen. Die anderen Orangen schälen, auch das weiße Häutchen entfernen; die Orangenfilets mit einem spitzen Messer herausschneiden und mit den Walnüssen zum Salat geben, kalt stellen. Für die Sauce Crème fraîche, Orangensaft und Olivenöl gut vermischen, nach und nach Zitronensaft zugeben, mit Salz und Pfeffer abschmecken. Vorsichtig mit dem Salat vermengen, mit den ganzen Blüten dekorieren. Es passen auch noch Granatapfelkerne dazu. Als Hauptgericht schmeckt dazu Kurzgebratenes oder Geflügelfleisch.[8]

Blaugeschmückte Zitrone
(als Vorspeise für 6 Personen)

6 große Zitronen
100 g weiche Butter
6 kalt abgespülte Sardinenfilets
1 Teelöffel Tomatenmark
1 Teelöffel Senf
1 Prise Muskat
8 blaue Zichorienblüten

An der Unterseite der Zitronen eine dünne Scheibe abschneiden, damit sie stehenbleibt. Oben einen größeren Deckel abschneiden. Das Fruchtfleisch mit einem scharfen Messer oder einem scharfkantigen Löffel ausschaben; die Zitrone soll innen hohl sein. Butter mit dem Mixer cremig rühren, Sardinen (Sie können auch frisch filetierte Sardinen nehmen) mit der Gabel etwas zerdrücken; Tomatenmark, das Fruchtfleisch der Zitrone mit Zitronensaft und Senf verrühren. Mit Muskat würzen. Von zwei Zichorien die Blütenblätter unterrühren. Die Mischung in die Zitronen füllen, mit den restlichen Blüten garnieren.[9]

Stampfkartoffeln mit Raukeblüten

750 g Kartoffeln, geschält und gewürfelt
½ l Gemüse- oder Steinpilzbrühe (Reformhaus)
250 g Rauke
Eine Handvoll Raukeblüten
2 Eßlöffel Olivenöl
2 Eßlöffel Essig
1 Zwiebel, feingehackt
Salz
Frisch gemahlener Pfeffer
Muskat

Kartoffelwürfel 25 Minuten in Salzwasser garen; Wasser abgießen, Brühe dazugeben, mit dem Stampfer grob zerstampfen. Die gewaschene Rauke in feine Streifen schneiden, Öl, Essig, Zwiebel, Salz, Pfeffer und Muskat verrühren und mit der Rauke unter die Kartoffelmasse heben; mit Raukeblüten bestreuen und lauwarm servieren.
Dieses Rezept läßt sich auch mit Löwenzahnblättern und -blüten zubereiten.

Erdbeer-Fuchsienblüten-Gelee
(für 6 Personen)

675 g Erdbeeren
125 g Kristallzucker
400 ml Wasser
3 Blatt Gelatine
6 Fuchsienblüten ohne Staubgefäße, Stempel und grüne Teile
Eine große Handvoll Erdbeeren zum Garnieren

Erdbeeren, Zucker und Wasser zum Kochen bringen. 3 Minuten köcheln lassen, ab und zu umrühren. Fruchtmasse durch ein feines Sieb streichen. In den Topf zurückgeben, erhitzen, aber nicht mehr kochen. Eingeweichte Gelatine vorsichtig hinzugeben und durch Rühren vollständig auflösen. Fuchsienblüten unterheben und alles in eine Ringform füllen. Kalt stellen, bis die Masse fest ist und sich stürzen läßt. Mit den Erdbeeren garnieren.[10]

Bulgur mit Monarde
(für 4 Personen)

100 g Bulgur
2 Bund Frühlingszwiebeln, gehackt
200 g Tomaten, enthäutet, entkernt und gehackt
1 Teelöffel gehackte Monardenblätter
1 Eßlöffel Monardenblüten ohne grüne Teile

Für die Salatsauce
4 Eßlöffel kaltgepreßtes Olivenöl
3 Eßlöffel Zitronensaft
Salz
Frisch gemahlener Pfeffer
Eine ganze Monardenblüte zum Garnieren

30 g Bulgur eine halbe Stunde quellen lassen, Wasser abgießen, mit den Händen ausdrücken. In eine Schüssel geben, mit Frühlingszwiebeln, Tomaten, Monardenblättern und -blüten vorsichtig vermengen. Saucenzutaten verrühren und darübergeben. Mit der Blüte dekorieren. Dazu schmeckt das Dinkelbaguette von Seite 124f).

Gurkenkäse mit Minze und Nachtkerzenblüten
(für 4 Personen)

2 Salatgurken
1 Becher Frischkäse
2 Eßlöffel gehackte, grüne Minze
(am besten marokkanische)
6 Nachtkerzenknospen, in feine Streifen geschnitten
2 Nachtkerzenblüten ohne Grün

Die Gurken schälen, längs durchschneiden und mit einem Löffel die Kerne entfernen. Zwei Hälften raspeln, salzen und in einem Sieb abtropfen lassen. Die anderen beiden in kurze Stifte schneiden, salzen, auf Küchenpapier abtropfen lassen. Die Gurkenraspel mit der Minze, den Knospen und dem Käse in einer Schüssel vermengen. Kalt stellen. Vor dem Servieren mit den Gurkenstreifen und ganzen Blüten garnieren.

Achtung: Bei allen Blüten, Kräutern und Pflanzenteilen können natürlich auch bei dafür anfälligen Menschen allergische Reaktionen auftreten. Sie sollten also immer zuerst eine Blüte kosten, um herauszufinden, ob sie Ihnen bekommt. Schwangere Frauen sollten sich vorher erkundigen, ob eine Pflanze für sie und ihr Ungeborenes bekömmlich ist. Wenn Sie sich nicht sicher sind, ob eine Blüte genießbar ist, lassen Sie lieber die Finger davon.

Traumhafte Schönheitsrezepturen

DIE WOHLGERÜCHE DES MORGENLANDS

„Schönheit ist in der Haut! Kümmere dich gut um sie,öle sie, säubere sie, schrubbe sie, parfümiere sie und zieh deine besten Kleider an, selbst wenn es keinen bestimmten Grund dafür gibt. Dann fühlst du dich wie eine Königin. Wenn die Gesellschaft dir zusetzt, wehr dich, indem du deine Haut verwöhnst. ... Schließlich ist esja die Haut, durch die wir die Welt fühlen. ... Ein menschliches Wesen ist durch seine Haut mit der Welt verbunden, und wie kann jemand mit verstopften Poren seine Umgebung wahrnehmen oder empfänglich sein für deren Schwingungen? Tante Habiba war überzeugt davon, daß die Welt ein viel besserer Ort zum Leben wäre, wenn Männer statt Kriegsmasken Schönheitsmasken trügen ...“[11]

Der Orient ist eine Welt der Wohlgerüche. Düfte sind unsichtbare Verführer, die sich durch die Nase in unser Inneres schleichen und uns zum Träumen verführen. Durch sie ersteht vor unserem inneren Auge ein Paradiesgarten, wie er oft in orientalischen Märchen beschrieben wird: Prächtige Jasminbüsche, blühende Orangenbäume, Rosen und Lilien sowie Geißblatt und Engelstrompeten duften um die Wette. Bäume spenden wohltuenden Schatten, das Geräusch von plätscherndem Wasser und der Gesang von Nachtigallen verleihen der Seele Flügel.
Für die alten Ägypter stellten die kostbaren Düfte zunächst noch Opfergaben für die Götter dar. Erst später erkannte man den Nutzen der Düfte für Körper und Seele. Man gewann umfangreiches Wissen über die Herstellung von Parfümen und Ölen. Nicht zuletzt dieser Tatsache ist es zu verdanken, daß sie ihre Leichname so wirksam einzubalsamieren verstanden, daß sie uns bis auf den heutigen Tag erhalten geblieben sind. In den Gräbern der Pharaonen wurden überdies Schalen und Gefäße gefunden, aus denen es immer noch sehr intensiv roch. Über ehemalige Gefangene verbreitete sich das alte Wissen über die Düfte auch in der übrigen Welt. Einige orientalische Gelehrte verfaßten Bücher über die wohltuende Wirkung von Düften auf Körper und Seele. So galt das Werk des „Medizinautors“ Al Kindi (um 800–870) jahrhundertelang als Standardwerk. Es enthielt über hundert Rezepte zur Herstellung von Duftölen und -salben.
Der arabische Gelehrte Al Guzuli schrieb: „Moschus kräftigt das Herz, die Ambra das Gehirn, der Kampfer macht die Lunge gesund, die Aloe kräftigt den Magen ...“[12] Auch der bereits im vorigen Kapitel erwähnte arabische Arzt Avicenna beschäftigte sich intensiv mit Düften und Parfüms. Allein über die Rose verfaßte er ein ganzes Buch (siehe Seite 59f.). Außerdem gelang ihm erstmals die Wasserdestillation von ätherischen Ölen, was die Herstellung der kostbaren Essenzen wesentlich vereinfachte.

Das Verwenden von Düften und Räucherstoffen ist neben den Regeln für die Reinigung und den Umgang mit dem Essen eine der wichtigsten Säulen der islamischen Religion. Duftstoffe fanden aber auch breite medizinische Anwendung. Viele ihrer Wirkungen konnten inzwischen entschlüsselt werden. Wir entdecken erst allmählich wieder, daß sich Düfte für die Gesundheit einsetzen lassen. So wissen wir heute – um nur einige Beispiele zu nennen –, daß Kamillenöl antiseptisch wirkt, Lavendelöl beruhigt und Rosmarinöl anregt. „Parfüms sind die Nahrung, die mein Denken belebt“, soll der Prophet Mohammed gesagt haben.
Meist werden die Düfte aus Kräutern, Pflanzen und Blüten oder aus Tierdrüsen gewonnen. Als

Hauptwirkstoffe wurden die ätherischen Öle erkannt. Generell bringen ätherische Öle aus Kräutern und Pflanzen den Stoffwechsel in Schwung und stimulieren die Sinne. Wissenschaftlich gesehen hört sich das dann so an: Duftsignale werden auf drei bis vier Quadratzentimetern Nasenschleimhaut eingefangen und in Bruchteilen von Sekunden über fünfzehn Milliarden Nervenleitungen ins limbische System gejagt. Das ist der Teil unseres Gehirns, der unsere Gefühle steuert. Hier wird spontan über Sympathie und Antipathie, über Abscheu und Lust entschieden. Vor allem unsere Partner wählen wir mehr mit der Nase als mit dem Verstand aus, glaubt die Wissenschaft.

Seit Jahrtausenden ist dieser Effekt bekannt – wenn auch wahrscheinlich eher unbewußt –, den sich Kleopatra zunutze machte: Wenn die schöne ägyptische Königin ihren Geliebten zu einer Nilfahrt einlud, ließ sie die Segel ihrer Barke parfümieren, um ihn durch den erotisierenden Duft zu betören. Kleopatra konnte nun nicht nur ihre Liebeslüste befriedigen, sondern mit der Hilfe des Geliebten auch politische Ränke schmieden. Nach allem, was wir über sie wissen, scheint ihr beides gleich wichtig gewesen zu sein ...

Einigen Blütendüften wird eine aphrodisierende Wirkung nachgesagt. Jasmin gilt als besonders verführerisch, weil er an den menschlichen Sexualduft erinnert. Ylang Ylang betört, die Lilie erotisiert, Rosen lassen schmachten, heißt es. Die Tuberose verströmt ein Aroma, das dem weiblichen Geschlechtsduft ähnlich sein soll. Neben Zibet, Bibergeil und Ambra gilt Moschus als das Mittel schlechtin, das Wohlbefinden und Wollust hervorruft. Moschus, Ambra und Sandelholz wollen Forscher auch in unseren menschlichen Sexuallockstoffen entdeckt haben.

„Herauszufinden, wer auf welchen Duft anspringt, hat die Spannung eines Lotteriespiels", schrieb vor einiger Zeit das Magazin *Stern*. Es zitierte einen international anerkannten Duftforscher: „Genau wie jeder Mensch einen genetischen Code hat, so hat jeder von uns eine einzigartige Geruchswahrnehmung. Zwei Leute, die denselben Duft wahrnehmen, werden ihn unterschiedlich riechen." Umgekehrt entfaltet sich auch jeder Duft bei jedem Menschen anders. Es hat also wenig Sinn, einen entschwundenen Geliebten mit dem Parfüm der Nebenbuhlerin zurückgewinnen zu wollen. Übrigens: Wenn sich eine Liebe verflüchtigt, bleibt uns immer noch ihr Duft in der Nase. Wenn wir ihn riechen, werden die vergangenen Gefühle wieder wach – zumindest nasenmäßig. Unser Riechorgan ist damit gewissermaßen ein „Tempel der Erinnerung".

Bis heute beduften viele Araber ihre Kleidung, indem sie sie über eine Räucherstelle hängen. In der Vorfreude auf eine Liebesnacht stellen sie sich nackt darüber und lassen den köstlichen Duft – etwa von Moschus und Ambra – in die Haut einziehen. Vielerorts war es üblich, Gäste zunächst einmal einzuparfümieren. Dazu wurde meistens Rosenwasser verwendet.

Aber die ätherischen Öle wirken nicht nur über die Nase, sie dringen auch über die Haut in den Körper ein, gelangen in die Blutbahn und entfalten dort ihre vielfältigen Wirkungen. Beim Einmassieren eines Öls wird zudem die Haut erwärmt, die Muskeln entspannt und der Kreislauf angeregt. Ätherische Öle sind auch ein beliebter Badezusatz, den man ganz nach Stimmung, Lust und Laune auswählen und mit anderen mischen kann. So entstehen ganz individuelle Mixturen für alle Lebens- und Liebeslagen.

BLÜTENESSENZEN UND DUFTÖLE

Duftöle sind hochkonzentrierte Substanzen und sollten nicht unverdünnt verwendet werden. Meist mischt man sie mit einem sogenannten Basisöl, das die Haut nicht reizt. Die bei Rezepten zum Mischen von Massageölen oder Badezusätzen angegebenen Mengen sollten deshalb nicht überschritten werden. Schwangere sollten die Mengen reduzieren und sich auf alle Fälle vorher erkundigen, ob das jeweilige Öl für ihren Zustand auch geeignet ist. Eine Reihe von Ölen stimuliert die Gebärmutter und kann vorzeitige Wehen auslösen. Dazu gehören beispielsweise Petersilie (deren Samen in früheren Mixturen gegen unerwünschte Schwangerschaften zu finden waren), Sellerie, Estragon oder Anis.

Die bekanntesten Öle des Orients

Bergamottöl: Das Öl der zitronenähnlichen Pflanze stammt zum Teil aus Marokko, sein Duft ist süß und exotisch, es hebt die Stimmmung und beruhigt die Haut.

Geranienöl: Das Öl entsteht bei der Wasserdestillation. Es belebt und muntert auf, macht trockene Haut zart.

Jasminöl: Kommt aus Ägypten, dem Iran, dem Libanon und Marokko. Es hat eine intensive rubinrote Farbe und einen warmen, blumigen Duft. Es beruhigt die Nerven.

Mandelöl: Das leichte und milde Öl wird durch die kalte Pressung von süßen Mandeln gewonnen. Es eignet sich ideal als Basisöl zur Massage und für jeden Hauttyp. Mandelöl ist vergleichweise günstig im Preis.

Myrrhenöl: Myrrhe hat einen ganz typischen Duft, der auch der älteste ist, der jemals erwähnt wurde. Die Ägypter verwendeten ihn zum Einbalsamieren ihrer Toten. Myrrhe ist ein wunderbares Öl für die Hautpflege und hilft bei der Wundheilung – zum Beispiel bei entzündetem Zahnfleisch. Myrrhe, Neroli, Weihrauch (Olibanum), Rosengeranium und Lavendel sollen einen verjüngenden Effekt auf die Haut haben.

Neroliöl: Aus den Blüten des Bitterorangenbaums wird bei der Wasserdestillation das kostbare Öl gewonnen. Es hat eine blaßgelbe Farbe und ein starkes exotisch-blumiges Aroma. Auch das bei der Gewinnung entstehende Orangenblütenwasser kann verwendet werden. Neroliöl hilft bei unreiner Haut und lindert Entzündungen.

Orangenöl: Das frisch duftende Öl wird durch Auspressen aus der Schale gewonnen. Es ist nicht lange haltbar, da es rasch oxidiert. Orangenöl stärkt und regt das Nervensystem an, beruhigt die Haut, fördert die Durchblutung der Muskeln und wirkt lindernd bei Entzündungen.

Patschuli: Das Öl, das ursprünglich aus dem Fernen Osten stammt, ist dunkelrubinrot und verbreitet einen schweren Duft. Es wirkt pilztötend und antiseptisch.

Pfefferminzöl: Die Pfefferminze ist eine der wichtigsten Pflanzen und Gewürze des Orients. Ihr blaßgelbes Öl riecht stark und frisch. Es belebt und kühlt die Haut, vertreibt Schlaflosigkeit und lindert Kopfschmerzen.

Rosmarinöl: Bei der Wasserdampfdestillation entsteht ein frisches, aromatisches Öl, das eine Reihe von positiven Wirkungen hat. Es wirkt straffend auf die Haut, verbessert die Blutzirkulation und lindert Hautirritationen. Rosmarinöl ist anregend und hebt die Stimmung.

Salbeiöl: Das Öl hat ein typisches, intensives Kräuteraroma. Es hilft gegen alle Erkältungsbeschwerden, reinigt das Blut, belebt die Nerven und beruhigt die Haut.

Sandelholzöl: Das dickflüssige Öl des indischen Baums hat einen feinen, beruhigenden Duft. Es entschlackt das Gewebe und hilft bei Hautproblemen.

Thymianöl: Die Pflanze ist eine der ältesten Heilpflanzen und Würzkräuter. Das Öl hat einen würzigen Kräuterduft, es wirkt allgemein anregend, antiseptisch, hilft bei Erschöpfung, regt den Kreislauf an, lindert Haarausfall und Hautprobleme.

Weihrauchöl: Olibanum – Öl des Libanon – wird aus dem Harz des kleinen Weihrauchbaums gewonnen. Es hat ein pfefferartiges Aroma und wirkt entzündungshemmend, stillt Blutungen und fördert die geistige Versenkung.

Ylang Ylang: Der Baum stammt ursprünglich aus dem Fernen Osten, das Öl hat einen warmen exotischen Duft, es reguliert den Blutdruck, stimuliert die sexuelle Lust, macht die Haut widerstandsfähiger und ist nützlich bei der Haarpflege.

Zitronenöl: Das Öl wird aus der Schale herausgepreßt und hat einen scharfen erfrischenden Duft. Die Zitrone ist vielfältig verwendbar, und ihr Öl gehört zu den wichtigsten ätherischen Ölen. Es wirkt antiseptisch und ist gut für Haut und Haare.

Räuchern Sie sich in Stimmung

Räucherwerk führt uns in andere Erlebnistiefen und hilft uns, uns fallen zu lassen. Hölzer, Harze, Wurzeln und Blüten wecken die Phantasie und unterstützen die Kraft der Vision. Fast alle Räucherpflanzen sind auch als Heilpflanzen bekannt.

Die bekanntesten Räucherstoffe

Akazienholz wurde schon bei Moses Flucht aus Ägypten erwähnt. Er erhielt von Gott die Anweisung, „einen Räucheraltar zu machen, zum Räuchern von Akazienholz“. Das als Gummiarabikum bekannt gewordene Räucherwerk riecht köstlich und ist bakterienhemmend. Bereits im Pharaonenreich wurde es als Grundlage von Medikamenten erwähnt. Mit der Vulkanisierung des Gummiarabikums wurde erstmals auch die Herstellung von Kondomen möglich.

Galbanum ist ebenfalls Bestandteil vieler Räuchermischungen. Es wird aus der Ferularinde gewonnen, riecht scharf und kräftig und braucht die anderen Harze zum Abmildern. Es kann Atem- und Hautbeschwerden lindern.

Mastix ist das Harz der Pistazie. Es soll ebenfalls die meditativen, ja sogar die übersinnlichen Kräfte stärken.

Myrrhe ist ein Harz, das aus der Rinde des Commiphorabaums stammt. In der Naturheilkunde wird Myrrhentinktur zur Behandlung von Zahnfleischentzündungen eingesetzt.

Sandelholz ist einer der beliebtesten Duftstoffe, es fördert die Stille und beruhigt den Geist.

Weihrauch – auch Olibanum genannt – wird aus mehreren Balsamstrauchgewächsen gewonnen. Er wirkt beruhigend, ja geradezu sedierend. Die Stimmung hellt sich auf, Nervosität legt sich, und der Geist erhebt sich gen Himmel. Ob das ein Grund ist, warum in der katholischen Kirche immer noch Weihrauch verwendet wird?

Die berühmteste Räuchermischung des Orients war wohl Kyphi. Das Rezept stammt ursprünglich aus Ägypten, denn die Ägypter waren Meister in der Zubereitung von Weihrauch für die verschiedensten Zwecke. Kyphi – das auch als Parfüm verwendet wurde – soll die Menschen in höchste Verzückung versetzt haben. Es wurde in einem geheimen Ritual gemischt; seine Zusammensetzung ist bis heute nicht genau bekannt. Neben Weihrauch soll auch Myrrhe, Wacholder, Mastix und Bockshornklee enhalten gewesen sein. Man verwendete es auch bei Totenfeiern, denn man war der Überzeugung, daß Kyphi mit seinem Rauch die Seelen der Verstorbenen mit in den Himmel nehmen würde.

Rauch für die Lust

Wer sinnliche Substanzen schnuppert, kann seine Liebesgelüste anfachen. Als anregendes Räucherwerk wird diese Arabische Mischung empfohlen[13]:

8 Teile Olibanun
4 Teile Sandelholz
4 Teile Zimt
2 Teile Iriswurzel, geschnitten
4 Teile Rosen
2 Teile Moschus
2 Teile Jasminblüten

Alle Zutaten grob vermahlen und zu einer Paste verkneten. In ein Räucherpfännchen geben und den Duft im Raum oder in der Wohnung verströmen lassen.

Fröhlichkeitsräucherungen

Die Düfte des Orients fanden und finden noch eine weitere Verwendung: Ihre betörenden Wohlgerüche entfalten sich auch bei Räucherungen. Am bekanntesten ist der Weihrauch, der für die Völker des Orients die göttliche Verbindung darstellt. Noch heute wird Weihrauch ja auch in der katholischen Kirche verwendet; in ägyptischer Sprache bedeutet er „der Göttlichmacher“. Weihrauch und Myrrhe brachten auch die Heiligen Drei Könige – die drei Weisen aus dem Morgenland – dem Jesuskind als Geschenk dar. Bei eine Vielzahl von religiösen Zeremonien wird symbolträchtiger Rauch erzeugt. Zum einen fördern die Wirkstoffe des Geräucherten einen rauschähnlichen Zustand, eine Bewußtseinserweiterung, die die Kontaktaufnahme zu den Göttern erleichtern soll. Zum anderen symbolisiert der zum Himmel aufsteigende Rauch schon optisch die Verbindung zu den Göttern.

Zu Zeiten Kleopatras wurde auf das Verschwenderischste geräuchert. Man sagt, daß sie bei allen Anlässen befahl, Rauchschwaden zu erzeugen. Dann dufteten nicht nur ihr Palast und die heiligen Stätten, sondern die ganze Stadt war in köstliche Düfte eingehüllt. Bei größeren Feierlichkeiten trugen die Frauen Duftkugeln auf dem Kopf.

Man kann sich vorstellen, daß die Festgesellschaften allein dadurch völlig „benebelt" waren.
Zum Handel mit Räucherwaren soll die Königin von Saba angeregt haben. Man vermutet, daß sie bereits 950 v. Chr. auf der „Weihrauchstraße" vom Süden Arabiens feine Luxusgüter nach Palästina transportieren ließ: Gold, Edelsteine, kostbare Hölzer und eben Weihrauch und Myrrhe. Über diese Handelsstraßen wurden natürlich auch begehrte Informationen über die jeweiligen Kulturen ausgetauscht. Sie waren so etwas wie Kommunikationswege. Überall entlang dieser wichtigen Routen entstanden blühende Städte und Handelszentren.
Am häufigsten werden Mischungen aus aromatischen Hölzern, getrockneten Pflanzen oder Harzen für Räucherungen verwendet. Je nachdem, welche Gefühle mit dem Rauch gefördert werden sollen, lassen sich unterschiedliche Düfte empfehlen. Wollen Sie einfach, daß Ihre Wohnung gut duftet, wollen Sie in Ihrem Badezimmer eine besondere Stimmung erzeugen, erwarten Sie einen lieben Menschen zu Besuch, oder wollen Sie erotisches Flair in der Wohnung und im Schlafzimmer verbreiten? Auch hier war Kleopatra einmal mehr „richtungweisend", denn sie ließ ihre Gemächer mit Düften eines Weihrauchgemisches schwängern, um eine erotische Atmosphäre für Liebesstunden zu schaffen. Als Zusatz zum Weihrauch paßt Sandelholz, Iriswurzel, Patschuli, Myrrhe, Nelke, Bergamotte, Kreuzkümmel, Lavendel, Majoran und Rosmarin. Natürlich gibt es noch eine Vielzahl anderer Düfte, die sich hierfür eignen.
Es war nicht unüblich, vor erwarteten Schäferstündchen die Gemächer und Beduinenzelte in betörende Düfte zu hüllen. In dem Schriftstück „Der duftende Garten des Scheich Nefzaui" heißt es: „Stelle goldene Räucherpfannen in das Zelt, die mit den köstlichsten Wohlgerüchen gefüllt sind. Hüte dich aber, von all den Wohlgerüchen etwas aus dem Zelt ausströmen zu lassen. Ist das ganze Zelt voll von süßen Düften, dann setz dich auf deinen Thron und laß die Frau holen. Laß sie in dein Zelt bringen, und verweile dort allein mit ihr. Sie wird in Verzückung geraten, ihre Glieder werden sich lösen. Schließlich wird sie das Bewußtsein verlieren, und du wirst Besitz von ihr nehmen."[14]
Die Rauchmischungen werden heute in speziellen kleinen Räucheröfchen oder -pfännchen verbrannt, von denen es inzwischen eine Vielzahl im Handel gibt. Einfacher geht es mit den bekannten Räucherstäbchen und -kegeln. Eine andere Möglichkeit, Duft zu erzeugen, sind Duftlampen und Zimmerbrunnen, in die ätherisches Öl geträufelt und die heute in vielen unterschiedlichen Formen in Bio- oder esoterischen Läden angeboten werden.

Die Rose – Schutzgöttin der Liebe und Schönheit

Die Rose nimmt unter allen Grundstoffen für Blütenessenzen und Duftöle eine Sonderstellung ein. Sie gilt den Orientalen als Geschenk des Himmels an die Schönheit. Keine andere Blume wurde jemals so gepriesen und verehrt. Das alte Persien wird immer wieder als Geburtsstätte der Rose genannt. Einer arabischen Legende zufolge ist die Rose aus einem Schweißtropfen des Propheten Mohammed entstanden, als er in den Himmel geholt wurde. Seither gilt die Rose als Sitz seiner Seele.

Eine andere Legende berichtet davon, daß am Anfang alle Rosen so zart elfenbeinfarben waren wie die weißen Perlmuttrosen aus Damaskus. Eines Tages jedoch verliebte sich die Rose in eine Nachtigall und ließ sich von ihrem Gesang so betören, daß sie dem angebeteten Vogel ihre Blütenblätter öffnete. Aus Verwirrung und Scham darüber, daß sie der Nachtigall ihre Unschuld geschenkt hatte, errötete sie am nächsten Tag. Seither gilt die Rose als Symbol für Weiblichkeit und Liebe.

Schon früh kannte man in Persien Rosenöl und Rosenwasser. Kleopatra soll auf Rosenblättern geschlafen und ihre Kammer üppig mit Rosenblättern ausgestatt haben, wenn sie ihre Liebhaber erwartete. In Ägypten war die schöne Blume der Göttin Isis geweiht, der Schutzgöttin von Liebe und Schicksal. Die Kreuzritter brachten die Damaszenerrose mit ihrem schweren und üppigen Duft aus Syrien in unsere Gefilde. Aus ihr wurde das bekannteste Rosenöl des Orients gewonnen. Scheherazade erzählt in ihren Tausendundeine-Nacht-Geschichten von der Rose, die vor allem bei Liebenden starke Gefühle weckt. Sie ist das Symbol für Liebe, Lebenslust, Schönheit, Anmut, aber auch für Wehrhaftigkeit.

Der persische Arzt Avicenna widmete der Rose –

wie bereits erwähnt – ein ganzes Buch. Es gelang ihm selbst auch erstmals, ein hochwertiges Rosenöl auf schonende Weise durch Wasserdampfdestillation herzustellen. Gutes Rosenöl ist noch immer teuer, denn es werden sehr viele Pflanzen benötigt, um ein paar Tropfen Öl zu gewinnen. Für einen Milliliter Öl muß man mit Preisen zwischen dreißig und sechzig Mark rechnen. Echtes Rosenöl kann man in Apotheken, Reformhäusern, in Naturkosmetik- und Bioläden kaufen. In vielen Städten gibt es auch kleine Fachläden für Aromaöle. Der Aufdruck „naturrein" bedeutet, daß es sich um unverfälschtes Öl handelt. Auf dem Etikett sollte auch stehen, von welcher Rosensorte das Öl stammt – zum Beispiel aus Damaszenerrosen – und woher es kommt (etwa aus Bulgarien, der Türkei oder Marokko).
Auch Rosenwasser ist nicht billig. Es entsteht bei der Wasserdampfdestillation von Rosenöl und enthält noch Spuren von hochwertigem Öl. Reines damaszenisches Rosenwasser erhält man in Apotheken, Reformhäusern oder auch im Versandhandel. Da es meist ohne Konservierungsstoffe hergestellt wird, hält es sich nur rund ein halbes Jahr, dann wird es ranzig.
In Persien wurde Rosenwasser schon lange als Heilmittel verwendet. Es wirkt kühlend und entzündungshemmend. In der Kosmetik dient es als Reinigungswasser und zur Gesichtserfrischung. Da es keinen Alkohol enthält, ist es auch für empfindliche Haut geeignet. Man kann es aber auch in einen Wasserzerstäuber füllen oder ein paar Spritzer auf die frische Bettwäsche oder ins Badewasser geben.
Beruhigend und entspannend wirken Kompressen mit Rosenwasser – etwa für die Augen: Pads mit Rosenwasser beträufeln und für eine Weile auf die Augenlider legen. Hilft bei Entzündungen, Überanstrengung oder bei Liebeskummer, wenn die Augen vom vielen Weinen um eine entschwundene Liebe verquollen sind. Auch eine Gesichtskompresse mit Rosenwasser entspannt die Nerven und vitalisiert empfindliche Haut.
Im Nahen Osten und in Indien werden Rosenblätter und Rosenwasser auch in der Küche eingesetzt – zum Beispiel für Marmeladen, Backwaren und Desserts. Für ein Liebesmahl streut man Rosenblätter als Dekoration auf den Tisch.
In der Kosmetik ist Rosenöl außerordentlich beliebt. Zum einen ist es sehr verträglich (trotzdem sollte es immer verdünnt werden), zum anderen pflegt es die Haut und wirkt entzündungshemmend. Man sagt sogar, daß es die Haut verjüngt. Nicht zu verwechseln mit dem Rosenöl ist das Öl der Wildrose, die wir von duftenden Hecken kennen. Es wird aus deren vitaminreicher Hagebutte gewonnen und ist geruchlos. Durch seinen hohen Anteil an mehrfach ungesättigten Fettsäuren gilt es als eines der besten Öle für die Hautpflege. Es macht die Haut samtig weich und regt die Zellerneuerung an.

Tiefenpflege mit Rosenöl und Rosenwasser

Für eine tiefenreinigende Gesichtsmaske empfiehlt die Heilpraktikerin und Aromaexpertin Barbara Krähmer:

1 Eßlöffel Heilerde aus Apotheke oder Reformhaus
2–3 Eßlöffel Rosenwasser
1/2 Teelöffel flüssiger Honig
1 Tropfen Rosenöl
1 Tropfen Rosengeraniumöl

Die Zutaten werden gut miteinander vermischt und auf die gereinigte Haut von Gesicht, Hals und Dekolleté gegeben. Nach etwa 10 Minuten

mit viel Wasser abwaschen, die Haut mit Rosenwasser betupfen und eine pflegende Creme auftragen. Da diese Maske die Haut leicht austrocknet, nicht öfter als zweiwöchentlich anwenden.

Rosige Pflege für rauhe Füsse

10 ml Weizenkeimöl
10 ml Jojobaöl
3 Tropfen Rosenöl
2 Tropfen Myrrhe
1 Tropfen Olibanum (Weihrauch)

Alle Zutaten gut miteinander vermischen und in sanften, kreisenden Bewegungen in den Fuß einmassieren. Das macht die Haut glatt und belebt gleichzeitig die Füße.

Rosenmassageöl

50 ml Mandelöl
50 ml Jojobaöl
8–10 Tropfen Rosenöl

Alle Zutaten vermischen. Den ganzen Körper damit, bei den Füßen beginnend, sanft einölen.

Beschwingtes Rosenparfüm

10 ml Parfümalkohol
5 Tropfen Rosenabsolue
2 Tropfen Tuberosenabsolue
1 Tropfen Osmanthusöl
2 Tropfen Orange süß
5 Tropfen Sandelholz

Alle Zutaten in eine dunkle Glasflasche füllen und gut verschütteln. Vier Wochen stehen lassen, Parfüms müssen reifen; ab und zu durchschütteln.

Olivenöl – Rezepte der Beduinen

In den Oasen der ägyptischen Wüsten werden seit Generationen spezielle Schönheitsrezepturen mündlich weitergegeben. Hochgeschätzt ist vor allem das Olivenöl, nicht nur als energiereiches und gesundes Nahrungsmittel, sondern auch als Wunderelixier für Haut und Haare. Die ersten Parfüms der Antike hatten Olivenöl als Basis. Es wurde ebenfalls als Heilmittel gegen Hautprobleme und Erkrankungen geschätzt.
Inzwischen ist es wissenschaftlich erwiesen, daß Olivenöl – auch äußerlich angewendet – eine Vielzahl positiver Wirkungen hat. Das Vitamin E soll die Haut vor vorzeitiger Alterung schützen, sie glatt und schön machen. Eine Massage mit Olivenöl wirkt Wunder, sagt man.

Olivenöl als Faltenkiller

Mischen Sie Olivenöl zu gleichen Teilen mit frischgepreßtem Zitronensaft; schütteln Sie diese Mischung gut durch, damit sie emulgiert. Massieren Sie Ihr Gesicht zwei- bis dreimal pro Woche vor dem Schlafengehen kräftig damit ein. Für den Hals empfiehlt sich einmal pro Woche ein Ölwickel, am besten vor dem Schlafengehen. Dafür werden 20 Milliliter Olivenöl mit 20 Milliliter Mandelöl im Wasserbad erwärmt. Tränken Sie einen Gazestreifen, ein Stofftaschentuch oder ein kleines Geschirrtuch damit, legen Sie das Tuch auf den Hals, wickeln Sie ein Handtuch darum, und lassen Sie es ungefähr eine Stunde einziehen. In dieser Zeit könnten Sie ein wunderbares Bad nehmen, dann entfaltet das Öl seine Kräfte noch stärker, danach ab ins Bett.
Mit dieser Mischung aus Oliven- und Mandelöl können Sie nach dem Bad und vor dem Schlafengehen auch Ihren gesamten Körper einmas-

sieren. Etwas einziehen lassen (das dauert ein Weilchen), dann in ein altes T-Shirt schlüpfen und hinein in die Federn.

Olivenöl für zarte Hände

Wenn Sie zu rauhen Händen neigen, sollten Sie ihnen ein- bis zweimal pro Woche ein lauwarmes Olivenbad gönnen. Das macht sie schön zart und stärkt auch die Nägel. Anschließend können Sie sich Ihrer Maniküre widmen, denn dann ist die Haut weich und läßt sich gut bearbeiten.

Olivenöl – Heilmittel der Niltaloasen

In der arabischen Medizin wird das Olivenöl als magenfreundliches, antibakterielles Mittel verwendet. Bei Husten gibt man einen Löffel Olivenöl. Auch bei Fieber oder Sonnenstich wird es empfohlen: Man reibt den Kranken am ganzen Körper mit Olivenöl ein und hüllt ihn für einige Stunden zum Schwitzen in Tücher. Damit soll der Körper seine „Innentemperatur" regulieren.
In den Niltaloasen wird bei Sonnenstich auch noch folgendes Mittel eingesetzt, das unseren alten Hausmitteln nicht ganz unähnlich ist: Der ganze Körper wird mit einer Mischung aus Salz, Wasser und zwei großen zerdrückten Zwiebeln eingerieben. Diese Massage wird von einem Heilkundigen vorgenommen, der den Rest der Flüssigkeit an bestimmten Körperstellen aufsaugt und den Körper so von seiner inneren Hitze befreit. Bei uns werden Stiche und Bisse traditionell mit rohen Zwiebeln abgerieben.

Wüstenrezept für trockenes Haar

Wenn das Haar durch Wind und Sonne ausgetrocknet ist, hilft eine Olivenölpackung: Je einen Eßlöffel Oliven- und Mandelöl mit einem Eßlöffel Zitronensaft, einem Eßlöffel Honig und einem Eigelb gut verrühren, kräftig in die Haare einmassieren, eine Bahn Alufolie um den Kopf wickeln und ein angewärmtes Handtuch darumschlingen. In der Wärme entfalten sich die Wirkstoffe optimal. Am besten über Nacht einziehen lassen, wenigstens aber eine halbe Stunde. Mit Shampoo auswaschen und ganz besonders gründlich spülen.

Kleopatras und Nofretetes Schönheitsgeheimnisse

Die ägyptischen Herrscherinnen Kleopatra und Nofretete waren schon zu ihrer Zeit für ihre Beautyrezepte bekannt. Sie wußten um die Wirkung einer attraktiven äußeren Erscheinung und betrieben einen ziemlichen Aufwand, um schön auszusehen – ein Brauch, der sich in den Harems und Hammams bis in unsere Tage erhalten hat. Legendär sind die Eselsmilchbäder, mit denen Kleopatra sich unter anderem auf ihre „Dates" vorbereitete. Bei uns wurden diese Schönheitsprozeduren zunächst belächelt, doch inzwischen hat die Wissenschaft die Wirksamkeit fast aller damals verwendeten Naturstoffe nachgewiesen.
Von den gesundheitlichen Wirkungen des Schwarzkümmels war bereits im vorangegangenen Kapitel die Rede. Er ist nicht nur ein unverzichtbarer Bestandteil der arabischen Küche und Medizin, sondern auch ein Schönheitsmittel, das schon zur Zeit der Pharaonen gebräuchlich war. Beste Ware kommt noch heute aus Ägypten.

Schwarzkümmelöl wird Shampoos, Gesichtsmasken und Peelings beigemischt. Es macht die Haut glatt, klar und geschmeidig. Das Öl eignet sich als Körper- und Massageöl, als Gesichts- und Badeöl sowie zum Einreiben von Händen und Füßen.

Ägyptische Gesichtscreme

25 ml Schwarzkümmelöl
25 ml Jojobaöl
5 g Bienenwachs
10–15 Tropfen Ihres ätherischen Lieblingsöls

Schwarzkümmel- und Jojobaöl im Wasserbad zusammen mit dem Bienenwachs auf zirka 50–60 Grad erwärmen. Wenn die Wachsmasse dünnflüssig ist, alles gut verrühren. Nach dem Abkühlen einige Tropfen des ätherischen Öls hinzufügen.

Schwarzkümmelsalbe für gestresste Haut

Wenn Ihre Haut bei Streß und Anstrengung zu Ekzemen und Ausschlägen oder gar zu Haarwurzelentzündungen neigt, kann Ihnen dieses Rezept helfen:

2 Gläser Apfelessig
1 Glas feingemahlener Schwarzkümmel

Beides gut miteinander verrühren und sechs Stunden ziehen lassen. Dann durch ein Mulltuch filtern. Noch mal 24 Stunden stehenlassen, damit sich ein Sediment absetzen kann. Die Flüssigkeit, die darüber steht wird vorsichtig abgegossen. Was an Sediment übrigbleibt, wird im Verhältnis eins zu eins mit Schwarzkümmelöl gründlich vermischt. Die Salbe kann an den betroffenen Stellen mehrmals täglich aufgetragen werden. Bei Akne sieht die Rezeptur etwas anders aus: Das Sediment wird mit feingemahlenen Granatapfelschalen und weiterem Apfelessig vermischt: Vier Teile Sediment zu zwei Teilen Granatapfelschalen zu einem Teil Apfelessig. Diese Paste wird für etwa drei Minuten leicht erwärmt und noch mal kräftig durchgemischt. Für die Anwendung wird die jeweils benötigte Menge abgenommen und im Verhältnis eins zu eins mit Schwarzkümmelöl vermischt. Am besten abends anwenden.[15]

Kaukur für kräftiges Zahnfleisch

Entzündetes Zahnfleisch und Zahnfleischschwund machen immer mehr Menschen zu schaffen. Damit das Zahnfleisch kräftig, gut durchblutet und gesund bleibt, empfehlen ägyptische Experten diese Mischung zum Kauen: Gemahlenen Schwarzkümmel, gemahlenen Anis und gemahlene Nelken zu gleichen Teilen mischen und einen Löffel voll davon in den Mund nehmen. Kauen, gut einspeicheln und dann im ganzen Mund verteilen. Danach hinunterschlucken. Es wirkt auch noch von innen!
Noch ein weiterer Geheimtip des Orients für strahlend weiße Zähne:
Erdbeeren pürieren und mit dem Saft die Zähne putzen. Nicht ausspülen, gut einwirken lassen und dann mit warmem Wasser, dem Sie einige Tropfen Myrrhetinktur aus der Apotheke zufügen, spülen. Um das Zahnfleisch zu kräftigen, kann man es mit der Innenseite von ungespritzten Zitronen abreiben oder auf gemahlenen Schalen kauen. Ein weiteres orientalisches Kräftigungsmittel für Zähne und Zahnfleisch ist Orangenblütentee: Eine Weile lang im Mund behalten und gründlich die Zähne umspülen. Nach belieben Ausspucken oder Hinunterschlucken.

Königinnenfutter

Als Geheimrezept für ewige Jugend wurde im alten Ägypten auch Honig gepriesen. Heute werden Honig und Bienenprodukte wie Wachs, der antiseptisch wirkende Bienenkittharz (Propolis) und Gelee Royale (Königinnenfutter) in unzähligen Kosmetikprodukten verwendet. Durch seine antibakteriellen Wirkstoffe hilft der Honig bei unreiner Haut; er macht den Teint zart und rauhe Lippen geschmeidig.

Rings nur Bäche von Milch, rings flossen Bäche von Süßtrank, rings auch tröpfelte gelb, aus grünender Eiche, der Honig.
Ovid, römischer Dichter (43 v. Chr. bis 18 n. Chr.)

Honigpaste reinigt das Gesicht

1 Teelöffel Honig
1 gehäufter Eßlöffel Reiskleie

Beides in der Hand gut vermischen. Mit sanft kreisenden Fingerbewegungen gut in die Gesichtshaut einmassieren. Gründlich abspülen. Für eine ähnliche Reinigungspaste verrühren Sie in Ihrer hohlen Hand einen Teelöffel Honig mit Haferkleie. Mit kreisenden Fingern die Paste in die Gesichtshaut einmassieren. Mit reichlich Wasser abspülen.

Mandelöl für zarte Hände

Etwas Mandelöl aus der Apotheke leicht erwärmen und einen Teelöffel Honig hineinträufeln. Hände fünf Minuten eintauchen. Öl anschließend gut einmassieren. Wenn möglich, Baumwollhandschuhe anziehen und über Nacht anbehalten.

Honig-Gesichtsmaske

1 Eßlöffel flüssiger Honig
2 Eßlöffel Sahnequark
3 Tropfen Rosenwasser

Alles gut miteinander verrühren, dick auftragen, etwa eine Viertelstunde einwirken lassen und mit viel lauwarmem Wasser abspülen.

Milch und Rosen machen Hände weich

1/4 Tasse Milch
5–10 Tropfen Rosenwasser
3 mehlig gekochte Kartoffeln

Milch und Rosenwasser mischen, Kartoffeln darin zerstampfen. Paste dick auf die Hände (und Füße) auftragen, Folie darum herumwickeln und zehn Minuten einwirken lassen.

Strahlende Augen durch Milchkompressen

1/2 Eßlöffel Milch
1/2 Eßlöffel schwarzer Tee

Beide Zutaten vermischen, Pads damit tränken und für zehn Minuten auf die Augen legen.

Gegen Augenfältchen hilft folgende Kompresse:

1–2 Eßlöffel Magerquark
1 Teelöffel schwarzer Tee
Einige Spritzer Zitrone

Quark und Tee verrühren, Zitronenspritzer dazugeben. Diese Masse in Wattepads einziehen lassen und dann zehn Minuten lang auf die Augen legen. Vorsichtig abwaschen.

Orientalische Augenkompressen

Wenn Ihre Augen überanstrengt sind und brennen, mischen Sie zwei Teelöffel Milch mit etwas schwarzem Tee. Tränken Sie zwei Wattepads damit, und legen Sie die Kompressen für zehn Minuten auf die müden Augen. Sie können auch zwei gebrauchte Teebeutel (Schwarztee) in Milch tränken, leicht ausdrücken und auf die Augen legen.

Flüssiger Jadeschaum reinigt das Gesicht

Grüner Tee hat eine Vielzahl von positiven Eigenschaften, das ist bekannt. Doch er kann noch viel mehr: Er ist reich an Gerbsäure, zieht deshalb die Hautporen zusammen und strafft die Haut. Für ein adstringierendes Gesichtswasser schlagen Sie mit dem Schneebesen zwei Teelöffel Grünteepuder mit 120 Milliliter Wasser auf, bis es schäumt. Das abgekühlte Teegemisch mit Pads auf die Haut geben und sanft abreiben. Das Gesichtswasser hält sich etwa drei Tage.

Kaki gegen Stress

Um irritierte Haut zu beruhigen, können Sie sich eine Kakimaske zubereiten. Dazu brauchen Sie eine reife Kakifrucht – die auch unter dem wunderbaren Namen Persimone bekannt ist –, die Sie schälen und deren Fruchtfleisch Sie im Mörser pürieren. Nun streichen Sie das Fruchtfleisch durch ein Sieb und fangen den Saft auf. Er wird anschließend mit so viel Reismehl verrührt, daß eine cremige Masse entsteht. Auf das Gesicht auftragen und nach zwanzig Minuten mit reichlich lauwarmem Wasser abwaschen.

Zeichnungen als ritueller Körperschmuck

Der Schönheitskult hatte ursprünglich magische Bedeutung. Man wollte mit den Schönheitsriten Götter und Geister beschwören und besänftigen. Dasselbe galt auch für den Körperschmuck – bestimmte Schmuckstücke und Körperzeichnungen. Die ersten „Tattoos" entdeckte man auf Mumien, die aus dem Tempel der Hatschepsut stammten. Vor allem die Beduinenfrauen pflegen noch heute das Ritual des Tätowierens. Vor Hochzeiten werden die Bräute nahezu im gesamten Orient mit aufwendigen Hennamalereien für das große Fest „verziert". Die Bemalungen zeigen, aus welcher Gegend die Braut stammt. Die Vielfalt der Muster ist schier unendlich.

Für eine feine Party schmückt man sich heute bei uns gern mit Hennatattoos und Bindis. Traditionell werden die Tattoos mit Henna gestaltet. Der Strauch kommt ursprünglich aus Persien und wächst heute im gesamten Nahen Osten. Je nachdem, woher das Henna stammt, hat es eine unterschiedliche Farbintensität. Es wird zum Einfärben von Körperteilen und Haaren verwendet, wirkt aber auch als Haarpflegemittel. Deshalb ist es als Haarkur sehr beliebt. Im alten Ägypten färbten sich die Frauen mit Henna die Brust rosarot.

Derzeit ist hauptsächlich die Verzierung von Händen und Füßen en vogue. Sie werden mit Hilfe von Schablonen kunstvoll bemalt und sehen dann aus, als würden sie in Großmutters feinen Spitzenhandschuhen

und Söckchen stecken. Für den Hausgebrauch gibt es fertige Schablonen und bereits angemischte Hennapaste zu kaufen. Die Bemalung verblaßt, wenn die abgestorbenen Hautzellen sich abschup-pen.
In Indien nennt man die Hennabemalung Mehndi. Von hier stammt auch der Bindischmuck. Bindi heißt auf indisch „Punkt". Die Inderinnen tragen die perlenbeklebten Ornamente traditionell auf der Stirn – sie sehen aber auf Dekolleté und Armen sehr hübsch aus. Bindis gibt es in vielen Formen und Farben, von schlicht bis verspielt. Sie sind auf der Rückseite mit Klebstoff versehen. Vor dem Aufkleben wird die Haut entfettet – etwa mit Gesichtswasser oder einem Hauch Nagellackentferner. Sie können getragen werden, bis die Klebeschicht abgenutzt ist. Bindis gibt es in guten Drogerien und Dekogeschäften.

Rhassoul – das orientalische Reinigungswunder

Die Tonerde Rhassoul ist bis heute eines der bevorzugten Reinigungsmittel des Orients und ebenfalls seit altersher bekannt. Mit Wasser angerührt, wird es zur Reinigung von Kopf bis Fuß eingesetzt. Man schätzt an Rhassoul, das mancherorts auch Ghassoul genannt wird, daß es keine Schaumbildner, Konservierungsstoffe und Emulgatoren enthält. Graubraune Erde aus der Sahara wird feingemahlen und mit Wasser und anderen Ingredienzen zu einem Waschbrei angerührt. Die darin enthaltenen Minerale binden Schmutz- und Fettpartikel, ohne den natürlichen Hautschutz anzugreifen, die Haut zu stark zu entfetten oder sie auszutrocknen.

Für Anfänger ist das „Gemansche" mit Rhassoul noch etwas gewöhnungsbedürftig. Weniger bei der Haut als vor allem bei langen Haaren dauert das Ausspülen länger und verbraucht auch mehr Wasser. Trotzdem dankt das Haar es Ihnen: Rhassoul ist besonders bei schnell nachfettendem Haar eine Alternative zu den herkömmlichen Shampoos mit ihren teils aggressiven waschaktiven Substanzen. Bei trockenen Haarspitzen lohnt es sich, etwas Mandelöl in den Brei zu rühren.

Rhaussoul-Pulver pur erhält man beispielsweise im Reformhaus. Ebenfalls gibt es dort fertige Rhassoul-Waschpaste. Tonerde-Haarwäsche ist bei einigen Friseuren erhältlich.

Halawa macht lästigen Härchen den Garaus

Im Orient entfernen Frauen lästige Körperbehaarung seit altersher meist mit Zwirn oder einer Zuckerlösung. Das ist beides nicht sehr angenehm, dafür wächst das Haar aber nicht in so harten Stoppeln wieder nach wie nach einer Rasur. Außerdem hält der Erfolg länger an. Die Zwirnmethode ist für den Hausgebrauch zu kompliziert: Die Härchen werden mit einem gespannten und gezwirbelten Faden entfernt, der durch Bienenwachs gezogen wurde.

Einfacher geht es mit Halawa – sinngemäß bedeutet es „etwas Süßes", aber auch „glatte Haut". Diese Paste besteht aus Zucker, Zitrone und Pflanzenöl. Dreißig Gramm sollen für den ganzen Körper ausreichen. Die bernsteingelbe Masse erwärmt sich auf der Haut und verschmilzt mit den Härchen. Die Haut wird gespannt und die Masse mit einem Ruck herruntergerissen. Wer nicht so viel Übung besitzt, nimmt bei den ersten Malen einen Stoffstreifen und legt ihn auf die Abziehmasse. Wer empfindliche Haut hat, sollte es erst an einer kleinen Partie ausprobieren. Das Halawa funktioniert besser, wenn die Haut vorher mit Babypuder behandelt wurde. Wird die Paste zu weich, kühlt man sie im Kühlschrank ab oder legt sie kurz ins Eisfach, ist sie zu zäh, erwärmt man sie über einer Tasse Tee.

Halawa gibt es auch bei uns zu kaufen, etwa im Bioladen, im Naturkosmetikshop oder in The Body Shop.

Teatime für die Haut

Für eine mild straffende Maske brühen Sie einen gehäuften Teelöffel schwarzen Tee mit kochendem Wasser auf, lassen ihn eine Stunde ziehen, seihen ihn ab und verrühren ihn mit Magerquark zu einer Creme. Auf Gesicht, Hals und Dekolleté verteilen. Nach einer Viertelstunde gründlich mit reichlich lauwarmem Wasser abwaschen.

Weibliche Haut soll glatt und haarlos sein

Die Orientalen mögen es nicht, wenn Frauen behaart sind. Sie hegen eine tiefe Abneigung dagegen. Man sagt, das ginge auf eine Legende zurück: Die Königin von Saba besuchte König Salomo. Als sie den Palast betrat, raffte sie ihre Röcke, denn der Boden war mit Spiegeln bedeckt, und sie glaubte, durch Wasser zu waten. Der König soll angesichts dessen, was er da sah, entsetzt ausgerufen haben: „Die Behaarung ist der Schmuck des Mannes, die Frau verunstaltet sie!" Er wollte die Königin von Saba daraufhin nicht mehr empfangen. Doch ein guter Geist – Dschinn genannt – rettete sie: Mit einem Enthaarungsmittel entfernte sie sämtliche Härchen und wurde vorgelassen. Die beiden verliebten sich ineinander und bekamen Nachwuchs. Die Haare einer Frau jedoch werden seitdem am Nachwachsen gehindert, und zwar am ganzen Körper, auch an der Scham. An diesem Schönheitsideal hat sich bis heute nichts geändert.

Schönheitsrezepturen für die Haare

Süsser Sirup für Haut und Haare

230 Gramm brauner Zucker mit knapp einem halben Liter stillen Wasser (kann auch Leitungswasser sein) in einem emaillierten Topf erhitzen und abschaumen. Dickflüssige Masse in einem Schraubglas im Kühlschrank abkühlen lassen. Für die Gesichtsmassage das Gesicht erst mit Sesamöl abreiben, sanft die Zuckermasse einmassieren und sorgfältig abspülen. Der Zucker soll die rauhe Haut pflegen und leicht antiseptisch wirken. Diesen Sirup können Sie sich auch in die Haare einmassieren. Zwanzig Minuten einwirken lassen. Kopf am besten in ein warmes Handtuch wickeln. Anschließend gut ausspülen und Haare wie gewohnt waschen. Das kräftigt strapaziertes Haar.

Zitronenkur für die Haare

Den Saft einer halben Zitrone in einen halben Liter Wasser gießen und damit die gewaschenen Haare spülen. Mit reichlich Wasser – am besten fast kalt – nachspülen. Für eine noch intensivere Wirkung: Ein Ei in eine Tasse Milch schlagen, dazu einen Teelöffel Zitronensäure aus der Apotheke, den Saft einer halben Zitrone und einen Eßlöffel Kokosnußöl mischen.

Zitronen-Molke-Haarwäsche

Eine Tasse Molke mit einem Eßlöffel Zitronensaft und einem Schuß Haarshampoo vermischen. Das Haar damit gründlich einschäumen und mit reichlich Wasser ausspülen. Hilft bei schnell nachfettendem Haar.

Tunesischer Lavastein für die Haarwäsche

Er heißt Tfal und kommt aus Tunesien. Der Lavastein wird dort zum Haarewaschen verwendet. Er löst sich in Wasser auf, entfernt Schmutz und Fett ganz sanft und entwickelt keinen Schaum. Lavastein eignet sich für Allergiker und Empfindliche. Außerdem bekommt das Haar einen wunderbaren Glanz. Lavastein gibt es im Bioladen.

Ingwer-Sesamöl für eine Kopfmassage

Ein kleines, frisches Stück Ingwerwurzel schälen und durch die Knoblauchpresse drücken (das geht manchmal ziemlich schwer, wenn der Ingwer eher faserig ist). Anschließend durch ein Teesieb streichen. Den sich bildenden Saft mit der gleichen Menge Sesamöl verrühren; vor der Haarwäsche gründlich in die Kopfhaut einmassieren. Einige Zeit einwirken lassen, dann gründlich ausspülen und Haare wie gewohnt waschen. Das soll das Haarwachstum anregen und die Kopfhaut pflegen.

Sojabohnen – Kraftpakete für das Haar

20 Gramm getrocknete Sojabohnen in einem halben Liter Wasser zum Kochen bringen, auf die Hälfte einkochen. Zugedeckt abkühlen lassen. Als Haarspülung nach dem Waschen verwenden, muß nicht ausgespült werden.

Kokos gegen sprödes Haar

Eine Kokosmilchspülung bringt Glanz ins Haar: Ein großes Glas frische Kokosmilch nach dem Waschen über das Haar gießen. Milch in einer Schüssel wieder auffangen und noch einige Male über die Haare schütten, nicht auswaschen.
Bei trockenem Haar ab und zu etwas Kokosöl in die Haarspitzen reiben.
Eine Haarmaske mit Kokos bringt noch mehr: Einen Eßlöffel Kokosöl in drei Eßlöffeln Sahne auflösen, ins feuchte Haar massieren und eine halbe Stunde unter einem vorgewärmten Handtuch einziehen lassen. Gründlich ausspülen. In vielen kommerziellen Haarprodukten ist Kokosmilch oder Kokosöl enthalten.

Farbfrische für die Haare

Schwarzer Tee gibt dunklen Haaren wieder Pep. Starken schwarzen Tee aufbrühen und die Haare damit spülen.
Ein Sud aus Sandelholz frischt rötliche Reflexe auf: Eine Handvoll Sandelholz aus der Apotheke mit einem Liter Wasser und einem Spritzer Obstessig eine Viertelstunde ziehen lassen. Dann die frisch gewaschenen Haare damit ausspülen.
Kamille bringt blonde Haare wieder in Schwung: Zwei Handvoll Kamille mit einem Liter kochendem Wasser übergießen, zehn Minuten ziehen lassen, abseihen und die Haare damit ausspülen.

Harem – Leben hinter Schleiern

Die meisten Schönheitsrezepte stammen aus den Harems. Deshalb verbinden wir den Harem mit einem himmlischen Ort, an dem Milch und Honig fließen, wo sich Frauen wohlig auf Polstern rekeln, Diener ihnen Kühle zufächeln, Eunuchen mit ihnen über den neuesten Klatsch kichern, wo getanzt und geschwelgt wird und Frauen vom Mann wie ein Luxusgut behandelt werden.

Ob der Harem entstand, um Frauen von der Welt und anderen Männern fernzuhalten oder um sie zu schützen – oder beides –, das weiß man heute genausowenig, wie bekannt ist, wann es den ersten Harem gegeben hat. Jahrhundertelang lebten unzählige Frauen im Orient in strengster Abgeschiedenheit hinter Schleiern und Gittern. Mythen, Legenden und Traumbilder prägen unsere Vorstellungen von diesem Leben. Prunk, Glanz und Schönheit von Ausstattung und Kunstgegenständen beflügeln unsere Phantasie. Doch wie lebten diese Frauen wirklich? Woher kamen sie, was empfanden sie und womit beschäftigten sie sich? Fühlten sie sich frei oder gefangen?

Wie so oft liegt die Wahrheit wohl in der Mitte: Harem leitet sich ab vom arabischen *haram* und bedeutet „unerlaubt", aber auch „geschützt". Es bezeichnet den abgetrennten Teil eines Hauses, in dem Frauen, Kinder und Dienstboten in größtmöglicher Abgeschiedenheit leben, aber auch die Frauen selbst oder die Gemächer, in denen der Herr seine sexuellen Gelüste ungehindert befriedigen kann.

Dieser ganz eigene Kosmos isoliert lebender Frauen wurde möglich, nach dem sich aus einer Welt, in der weibliche und männliche Gottheiten zusammen über das Schicksal von Mensch und Tier bestimmten und in der alle Mitglieder der nomadisierenden Sippe gleichberechtigt waren, eine patriarchalische Gesellschaft entwickelt hatte. Mit dem Entstehen von privatem Besitz verloren Frauen ihre privilegierte Stellung. Sie zelebrierten keine religiösen Riten mehr und waren schließlich nur noch Teil des Besitzes eines Mannes. Frauen, die die Leidenschaft verkörpern und als wankelmütig gelten, müssen in dieser patriarchalischen Welt von den Männern, denen die Vernunft zugeschrieben wird, ferngehalten werden. Aber nicht etwa, um ihren Körper und ihre Ehre zu schützen, sondern um Macht und Moral der Männer aufrechtzuerhalten, sagen Kritikerinnen. Daraus entwickelte sich ein Mißverhältnis zwischen den Geschlechtern, über das bis heute heftig diskutiert wird. Doch es ist keine islamisch-orientalische Erfindung, sondern auch in unserer jüdisch-christlichen Tradition tief verankert. Auch bei uns gilt die Frau – Eva mit all ihren Töchtern – als sündig. Ihre Sünde ist ihre Sexualität.

Die in einem ehemaligen Harem geborene Alev Lytle Croutier zeichnet ein ernüchterndes, aber gleichzeitig faszinierendes Bild vom Alltag im Harem[16]. Sie berichtet von üppigen Gärten, in denen sich die – teils sehr jungen – Haremsfrauen mit harmlosen Spielchen und Badezeremonien die Zeit vertreiben. Das Bad im Hammam dauert häufig stundenlang und war äußerst beliebt. Der Abschottung von der Außenwelt versuchten die Frauen ihre Phantasie entgegenzusetzen. Geschichten erfinden und erzählen waren ein wesentlicher Bestandteil ihres Leben. Diese Geschichten handelten von Liebe und Leid, Glück und Unglück, von Zurückweisung und unerwiderter Liebe, von Freiheitsdrang und Flüchen, von starken Frauen wie Scheherazade, aber auch von wirklicher Liebe und Achtung zwischen Mann und Frau. Opium versüßte den Frauen das

Leben, das oft geprägt war von Einsamkeit, Intrigen und Warten auf den Herrscher. Es sollte sie vergessen machen, daß sie eigentlich eingesperrt waren. Zur Zerstreuung und Belustigung des Gemahls oder Herrschers durften sie tanzen, singen und spielen. Aber auch wenn sie allein waren, wurde mit Leidenschaft getanzt. Noch heute sind Tanzfeste nach alter Haremssitte, an denen nur Frauen teilnehmen, äußerst beliebt.

Nur äußerst selten durften die Frauen unter strengster Bewachung das Haus verlassen, und das vielerorts nur, wenn sie ihr Gesicht verschleierten. Das sollte sie unter anderem vor begehrlichen Blicken schützen, aber auch vor Staub, Sand, Sturm, Sonne und anderen Unbilden des Lebens. In vielen muslimischen Ländern sind die Frauen bis heute per Gesetz zum Schleiertragen gezwungen. Manche Schleier lassen das Gesicht frei, andere wiederum nur die Augen. Daß dies nicht nur die Sicht, sondern auch die Freiheit der Frau einschränkt, liegt auf der Hand. So ist der Zwang, einen Schleier zu tragen, heute als Machtinstrument sehr umstritten. Doch die orientalischen Frauen machten auch hier aus der Not eine Tugend. Sie erfanden eine Vielzahl von Verzierungen und brachten das Kunststück fertig, den Schleier attraktiv aussehen zu lassen. So wurde er gar zum Statussymbol des Mannes.

Ein grausames, vor allem von radikalen Islamisten propagiertes Ritual ist in vielen Regionen des Orients die Beschneidung von Mädchen und Frauen. Bei uns und in anderen europäischen Staaten ist die Genitalverstümmelung, bei der Klitoris und innere Schamlippen meist mit einer Scherbe oder einer Rasierklinge und ohne Betäubung entfernt und die äußeren Schamlippen bis auf eine erbsengroße Öffnung – pharaonische Beschneidung genannt – zusammengenäht werden, strafbar. Schon 1993 hat der Weltärztebund und 1996 der Deutsche Ärztetag die Genitalverletzung und auch die Beteiligung von Medizinern daran verurteilt. Die Weltgesundheitsorganisation WHO schätzt, daß insgesamt hundertdreißig Millionen Frauen derart grausam verstümmelt wurden. Obwohl die Regierungen einiger Staaten die Beschneidung offiziell ablehnen, wird sie in sechsundzwanzig Ländern Afrikas, auch in Ägypten, vereinzelt in Asien, in den Vereinigten Arabischen Emiraten, Indien, Pakistan und Indonesien vorgenommen. Etwa ein Drittel der Mädchen verblutet dabei oder stirbt an den Folgen. Viele können nach der Beschneidung nie wieder richtig gehen. Um Geschlechtsverkehr haben zu können oder bei der Geburt eines Kindes müssen die Frauen, die diese Prozedur überlebt haben, wieder aufgeschnitten werden. Nach der Entbindung werden sie meist sofort wieder zugenäht – bis zum nächsten Geschlechtsverkehr.

Auch im Harem gab es Hierarchien und strenge Regeln. Erwiesen sich die Haremsdamen als geschickt und gelehrig, konnten sie höchste Stellungen im Harem erlangen. Waren sie unbegabt, mußten sie damit rechnen, weiterverkauft zu werden. Hatte eine Frau das Glück, dem Herrscher oder Gemahl besonders zu gefallen, erhielt sie ein eigenes Gemach, persönliche Diener und gewisse Freiheiten innerhalb des Harembereichs. Bekam sie einen Jungen, einen kleinen Herrscher, stieg ihr Ansehen. Wurde ihr Sohn gar der neue Herrscher, war sie die mächtigste Frau des Harems. Der Kampf der Frauen untereinander war oft hart und rücksichtslos, sagt man. So kam es vor, daß eine Haremsfrau schon während der Schwangerschaft ständig von ihren Mitfrauen belauert wurde. Das Leben eines jungen Prinzen, der bis zu seinem zwölften Lebensjahr im Harem der Frauen aufwuchs, war ständig gefährdet, auch das seiner Mutter. Berichte über Harems-

frauen, die bereits jung starben – vergiftet, erdrosselt oder ertränkt – sind zahlreich. Frauen, die versuchten, aus dem Harem zu fliehen, bezahlten dies meist mit dem Leben.
So gesehen ist auch die Geschichte von Scheherazade bei genauerer Betrachtung eine echte Haremsgeschichte, eine Geschichte von Macht und Ohnmacht, aber auch von Zauber und Bezauberung: Die junge Braut mußte jeden Abend für ihren Gemahl eine fesselnde Geschichte erfinden, damit er seinen Plan vergaß, sie im Morgengrauen hinrichten zu lassen. Denn er hatte es sich aus Rache gegen die Frauen – nachdem er einmal betrogen worden war – zur Regel gemacht zu heiraten und die junge Braut am nächsten Morgen zu töten. Scheherazade erzählte und erzählte, sie erfand die spannendsten Geschichten und konnte damit ihr Ende jeweils bis zum nächsten Abend hinauszögern; denn der König mochte sie nicht töten, bevor er den Schluß der Geschichte erfahren hatte. So ging es tausendundeine Nacht, bis der König sich ein Leben ohne Scheherazade nicht mehr vorstellen konnte. Mittlerweile hatte sie ihm auch zwei Kinder geboren, und er gab seine grausame Gewohnheit auf, seinen jungen Frauen am Morgen nach der Hochzeit den Kopf abschlagen zu lassen.
Die Marokkanerin Fatima Mernissi – heute Professorin für Soziologie an der Universität in Rabat – kommentiert: „Ich lebte zwar im westlich besetzten Marokko, nur sechzehn Kilometer von Spanien entfernt, war aber dennoch maßlos überrascht zu erfahren, daß viele Menschen im Westen Scheherazade lediglich für eine hübsche, aber einfältige Frau halten, die harmlose Geschichten erzählt und sich in wunderbare Gewänder hüllt. In unserem Teil der Welt gilt Scheherazade als eine mutige Heldin, und sie ist eine unserer wenigen weiblichen mythischen Gestalten. Scheherazade ist eine große Strategin und mitreißende Denkerin, die ihre psychologische Kenntnis der Menschen nutzt, um sie zu beflügeln und zu ermutigen. Wie Saladin und Sindbad macht sie uns kühner und selbstsicherer, schenkt uns die Überzeugung, daß wir die Welt und die Menschen verändern können.“[17]
Neben Eifersucht und Rivalität entwickelten sich auch starke und tiefe Beziehungen zwischen den Frauen. Das wird eine der Faszinationen des Harems gewesen sein. Die Frauen teilten sich gemeinsam die Verantwortung für den Haushalt, wobei die älteste Ehefrau meist das Sagen hatte. Die Kinder wurden – im Idealfall – gemeinsam aufgezogen. Nach den Gesetzen des Islam darf ein Mann vier Frauen haben, sofern er sie ernähren und gut versorgen kann. Manche wohlhabende Familie ließ jedoch im Ehevertrag vermerken, daß der Schwiegersohn nur *eine* Frau, nämlich ihre Tochter, heiraten darf. An größeren Höfen wurde es aber auch als unzumutbar angesehen, einer einzelnen Frau die gesamte Last der Haushaltsführung aufzubürden.

Vom Rausch im Orient

Der Orient gilt auch als eine Wiege des bewußtseinsverändernden und aphrodisierenden Rausches. Rauschdrogen spielten im Orient wie in vielen anderen Kulturen eine wichtige Rolle. Zum einen waren sie wirkungsvolle Heil- und Schmerzmittel, zum anderen zentraler Bestandteil religiöser Zeremonien. Manches Rauschmittel half auch über Hunger und heiße Jahreszeiten hinweg. Mohn und Opium wurden schon 2500 v. Chr. zu Heilzwecken eingesetzt. Aber auch bei Gelagen und Orgien kamen sie reichlich zur Verwendung. Der Überlieferung nach kredenzte

Kleopatra eine spezielle Mischung, die unter dem Namen „Wein der Kleopatra" berühmt wurde. Diese Mischung bestand aus ägyptischem Wein, Opium und einem Nachtschattengewächs[18]. Zudem galt Opium als probates Aphrodisiakum. Professor Rudolf Gelpke, der an der Universität von Teheran lehrte, beschrieb die Wirkung des Opiums recht plastisch[19]: „Die Sinne des Opiumrauchers oder -essers ziehen gleichsam die Fühler ein. Sie werden keineswegs abgestumpft, das kann nur einer glauben, der selbst niemals Opium geraucht hat. Aber das Bewußtsein, das vorher die Sinne wie Fangarme oder Angeln der Außenwelt zugewandt hielt, wendet sich ab und schließt die Fenster. Das Opium macht klar, nicht dumpf. Es hüllt uns nie in jenen Nebel ein, in dem im Alkoholrausch die materiellen und seelischen Realitäten verschwimmen und ihre Konturen verlieren. Opium löst die Seele aus ihrer Verflechtung mit den Dingen des Alltags und der Außenwelt ... Opium macht still und sanft. Es inspiriert und beflügelt die Phantasie, auch die erotische, steigert die Sensibilität und das Zärtlichkeitsempfinden, während gleichzeitig Bewe-

gungsdrang und Betätigungstrieb, Mitteilung, Ehrgeiz, sexuelle Potenz, Affekte und Aggressivität ganz allgemein verringert werden."

Die orientalischen Fröhlichkeitspillen, deren Hauptbestandteil Opium ist, das mit anderen Ingredienzen gemischt wird, sind wohl schon seit Jahrtausenden bekannt. Dieses Erfolgsrezept ist auch heute noch gebräuchlich und für die Orientalen, denen der Wein verboten ist, ein beliebtes Mittel, um die Seele in paradiesische Sphären zu entführen. „Die orientalischen Fröhlichkeitspillen sind ein fliegender Teppich, der einen an die perlenden Gestade genüßlicher Sinnlichkeit trägt. Alle Sinne werden in köstlichster Weise ins Unermeßliche gesteigert. Die innere Fröhlichkeit strahlt mit dem Lächeln der Glückseligen durch den Körper, wie das Licht der Sonne die Tränen des Himmels als wunderbaren Regenbogen erscheinen läßt. Der Genuß des eigenen Körpers, des eigenen Seins und Daseins ist von einer kultivierten und feinen Beschaffenheit, die das Leben mit dem Sinn der göttlichen Ewigkeit versüßt. Die Seele küßt den Körper, tanzt mit ihm und reitet auf dem Drachen der Weisheit zu den Sternen, die wie edelsteinfunkelnde Augen der Unsterblichen blinzeln. Wie das Blut den Körper durchfließt, durchströmt der Frieden des Herzens das Weltall, das vom Atem der Götter in Liebe erstrahlt."[20]

Aber auch unsere beliebteste „Alltagsdroge" – der Wein – wurde schon vor über 5000 Jahren im Orient kultiviert. Im alten Ägypten hatte er seinen festen Platz im erotischen Leben und bei religiösen Zeremonien. Sie kelterten ihn gemeinsam mit bestimmten Zauberkräutern – etwa Alraune, Bilsenkraut und Qat (Kat). Es wird kolportiert, daß Verliebte dem Wein zusprachen, bis sie vor Erregung glühten. Aus dem Genuß und der Verehrung des Weins entwickelte sich im Orient eine spezielle literarische Gattung, die sogenannte Weinpoesie.

DIE MACHT DES BAUCHS

Ein wesentlicher Bestandteil der Beschäftigung im Harem war, wie bereits erwähnt, der Tanz, hauptsächlich der Bauchtanz. Hier erlebte er seine Blüte. Dieser sinnliche Tanz ist so alt wie die Liebe, heißt es. Seine ausgeprägten Hüft- und Bauchbewegungen ahmen den Liebesakt nach, damit ist er ein Symbol für Fruchtbarkeit und Fortpflanzung. Der Bauchtanz hat die Menschen über die Jahrhunderte hinweg fasziniert, und es gibt eine Reihe früher Zeugnisse dafür.

Das Bild von der orientalischen Tänzerin löst bei uns viele Assoziationen aus. „Mit ihren wollüstig schwingenden Hüften und dem schlangengleichen Körper versinnbildlicht sie die Macht der weiblichen Sexualität, die ihre Kraft und Stärke ist. Es ist nicht verwunderlich, daß sie sich als Quelle vieler Träumereien erwies und daß ihr Tanz mehr Phantasie weckte als jeder andere", so beschreibt es die britische Bauchtanzexpertin Wendy Buonaventura. Die Geschichte des Bauchtanzes wurzelt in religiösen Riten und der Veränderung der gesellschaftlichen Stellung der Frauen in der ganzen Welt – es ist die Geschichte der Phantasien über das Ewig-Weibliche.

Wir verbinden den Bauchtanz heute mit dem Orient, mit Sinnlichkeit und Verführung, mit schönen Körpern und Gewändern, mit fließenden Bewegung und erotischen Zuckungen, mit Farben und Rausch. Er versinnbildlicht das In-sich-selbst-Ruhen der Frau. In den arabischen Ländern ist der Bauchtanz noch immer eine beliebte Volkskunst, die Ausbildung, Können und Kunstfertigkeit erfordert. Hier wird er nicht mit leichtbekleideten Frauen verbunden, die lediglich ein bißchen mit dem Po wackeln. Er ist eine hohe Kunst, die gewissen Regeln unterliegt und sich nur in einem bestimmten Rahmen abspielt.

Wie alle Tänze war auch der Bauchtanz am Anfang ein Teil religiöser Rituale. Er drückte nicht nur Lebensfreude aus, sondern verfolgte meist auch einen bestimmten Zweck: sowohl die Beschwörung der eigenen Fruchtbarkeit als auch die der Natur. Nicht von ungefährt ahmt der Bauchtanz mit seinen Bewegungen wohl deshalb den Geschlechtsakt und auch die Geburt nach. In ähnlicher Form gab es solche Tänze in allen Kulturen, denn die Fruchtbarkeit von Mensch und Natur war Voraussetzung für das Überleben. Viele historische Abbildungen zeigen tanzende Frauen. Möglicherweise handelte es sich dabei auch um die prähistorische Verehrung von Göttinnen, dem schöpferischen weiblichen Prinzip. Dazu noch einmal Wendy Buonaventura: „Einst tanzten die Frauen ihn, um ihre Macht zu demonstrieren. Als sie diese Macht nicht mehr besaßen, tanzten sie ihn weiter, auch wenn er seine Bedeutung verloren hatte."[21]

Mit dem Verlust ihrer gesellschaftlichen Stellung hat sich aber möglicherweise auch der Sinn des Bauchtanzes geändert. Er bekam nun die Bedeutung eines erotischen Tanzes, der den der Frau überlegenen Mann verführen und erfreuen sollte. Damit rückte er in die Nähe von Prostitution. Die veränderten Machtverhältnisse zwischen Mann und Frau waren auch dafür verantwortlich, daß das Ansehen des Bauchtanzes schwand. Er wurde zum Verführungstanz der Femme fatale. Manche Frauen verdienen ihren Unterhalt mit Bauchtanzen. Sie treten auf Feiern auf und werden von der eigenen Familie streng bewacht. Freie Bauchtänzerinnen leben größtenteils vom Trinkgeld, das aber nicht immer als Anerkennung ihrer Tanzkunst zu werten ist.

Der Bauchtanz im Harem war jedoch vor allem Unterhaltung. Die Frauen tanzten vor dem Herrscher und seinen Gästen. Der Tanz stellte eine der wenigen Ausdrucksmöglichkeiten der Frauen dar. Sie tanzten vor allem auch füreinander, und

wo der Herrscher ihnen wenig Zeit widmete, entwickelten sich manchmal Liebesverhältnisse unter den Haremsdamen. Noch heute, so sagt man, nehmen Frauen im Nahen Osten jede Gelegenheit wahr, um unter Ausschluß der Männer miteinander zu tanzen. Daß ihnen dies ein Bedürfnis ist und sie mit großer Freude erfüllt, ist vor allem ihren Männern unverständlich.
Besonders diese Ausdrucksform der Lebensfreude, die uns verlorengegangen ist, fasziniert uns so am Orient und seinen Gebräuchen. Heute entdecken auch wir, daß Bauchtanz einen therapeutischen Zweck erfüllt und Spaß machen kann. „Orientalische Tanzkunst" wird mancherorts schon an der Volkshochschule gelehrt. Das steht im Widerspruch zur Fitneßwelle, die Askese und kontrollierte Aktivität fordert sowie durchtrainierte, flache Waschbrettbäuche. Aber zum Bauchtanzen braucht eine Frau – wie der Name schon sagt – etwas Bauch und weibliche Rundungen. Bauchtanz und Askese – das paßt nicht zusammen. Doch ob Bauch, Bäuchlein oder Flachbauch – den meisten westlichen Frauen fällt es ohnehin schwer, die Hüften zu schwingen; zum Teil sicher auch, weil es sich um das Nachahmen sexueller Bewegungen handelt.
„Orientalische Kulturen erachten diesen Teil des Körpers als ein vitales Zentrum, den Ort, an dem wir zuerst mit dem Leben verbunden waren, durch den Nabel … Die antike orientalische Kultur ist voller Lobpreisungen über die Schönheit eines ausladenden, gerundeten Unterleibs", schreibt Wendy Buonaventura. Auch heute noch, so weiß sie zu berichten, tendiert das nahöstliche Schönheitsideal zu diesen üppigen Formen, die Lebenskraft und Lebensfülle symbolisieren …

Die Äpfel der Fruchtbarkeit

Es war einmal eine Frau, die keine Kinder bekommen konnte. Ihr Mann war darüber so verzweifelt, daß er ihr manchmal bittere Vorwürfe machte, obgleich die Arme nichts dafür konnte, und so war ihr Leben sehr unglücklich.
Eines Tages hörte sie einen Mann auf der Straße schreien: „Taffah, lahbala, hier habe ich die Äpfel der Fruchtbarkeit!" Sie rief ihm von ihrem Fenster aus nach und eilte hinunter, um durch die halboffene Tür ihres Hauses zwei dieser Früchte zu kaufen; eine davon aß sie sofort, die andere legte sie in einen Wandschrank. Aber ihr Gatte öffnete den Schrank, nachdem er nach Hause gekommen war, sah den Apfel und aß ihn. Daraufhin bekam er ein dickes Bein, das immer mehr anschwoll, wie der Bauch einer schwangeren Frau. Im neunten Monat begann ihn das Bein ernsthaft zu schmerzen, und er wußte nicht,was er machen sollte. Eines Tages, als es ihm besonders weh tat, reiste er aufs Land. In einer verlassenen Gegend schlitzte er sich mit seinem Messer den Oberschenkel der Länge nach auf, und zum Vorschein kam ein entzückendes kleines Mädchen. Sie war schön wie die Sonne und der Mond zugleich und trug einen Stern zwischen den Augen. Der Mann erschrak sehr und wußte nicht, was er mit diesem außergewöhnlichen Kind anfangen sollte. Da setzte er das Neugeborene aus und kehrte so schnell wie möglich nach Hause zurück. Aber Gott, der Barmherzige, der keine seiner Kreaturen im Stich läßt,

schickte eine Gazelle, die das Kind ableckte, stillte und im Maul davontrug, um es mit ihren anderen Kleinen aufzuziehen. So ging es jeden Tag mit seiner Adoptivmutter auf die Weide, spielte mit den anderen Gazellen, rannte wie sie, sprang wie sie und hatte natürlich nicht sprechen gelernt.
Eines Tages erblickte der Sohn des Sultans, der gerade auf der Jagd war, die Gazelle mit dem nackten Mädchen, dem die schwarzen Haare lang über die Schultern fielen. Baß vor Erstaunen verfolgte er sie. Doch die Kleine rannte genauso schnell wie die leichtfüßigen Tiere, bei denen sie aufgewachsen war, und selbst das Vollblut konnte sie nicht einholen. Der Prinz kehrte voller Kummer in den Palast seines Vaters zurück, denn er hatte sich in diese schöne Wilde verliebt. Er begann voll Melancholie vor sich hin zu träumen und wurde zum Schluß ernsthaft krank, und niemandem gelang es, ihn zu heilen. Jeden Tag schickte man die besten Jäger und die schnellsten Pferde aus, um diejenige einzufangen, die der Grund für das Unglück war. Aber vergeblich. Endlich kam eine alte Frau vorbei, die erklärte, man müsse zu einer List greifen:
„Es kann nur eine Dschinna oder ein Mensch sein. Darum bereitet zweimal Couscous zu, einmal mit Salz und einmal ohne Salz, und stellt beides an den Waldrand, wo sich das seltsame Etwas verborgen hält. Wenn dieses Wesen das gesalzene Essen ißt, wissen wir, daß es ein Mensch ist, wenn es das aber nicht anrührt und das ungesalzene Couscous ißt, ist es eine Dschinna [...] Schickt eure besten Schützen aus, sie sollen sich hinter ein paar Felsen verstecken. Wenn sie sehen, daß sie das ungesalzene Essen ißt, können sie wieder gehen. Doch wenn sie das gesalzene Essen ißt, sollen sie hervorstürzen, ein paar Schüsse abfeuern, damit sie Angst bekommt, und sie umzingeln."
Man befolgte die Ratschläge der Alten, und so wurde das Mädchen gefangen [...] Noch am selben Abend begannen die Hochzeitsfeierlichkeiten. [...] Der Sohn des Sultans war bereits einmal verheiratet. Seine erste Frau, seine leibliche Kusine, war eifersüchtig auf die neue Gemahlin und suchte sich ihrer zu entledigen. [...] Zu einer [Sklavin] aus ihrer Gefolgschaft sagte sie eines Tages: „Ich kenne Lalla, einen alten Juden, der todsicher der größte Hakim dieser Zeit ist. Er besitzt den Ring der Weisheit. Er braucht ihn nur zu drehen, und sogleich erscheint ein Ifrit, der seine Befehle ausführt. Er verschreibt Rezepte, die jede Krankheit heilen. Alle Dschinnen des Sabbats stehen ihm zu Diensten, und er kann sogar die Schayatin wachrufen. Er schreibt einen Namen auf den Handballen eines Menschen und läßt ihn die noch feuchte Tinte ablecken, um so dessen sexuelle Potenz zu erhöhen. Er sieht die Zukunft in einem Tintenfaß voraus. Und er vergibt Talismane, mit denen Frauen die Liebe ihrer Männer zurückgewinnen oder mit Hilfe derer sie sich einer Rivalin entledigen können."
Man ließ den jüdischen Zauberer kommen. Dieser gab ihr eine Stecknadel und sagte, sie solle diese in das Haar der Person stecken, derer sie sich entledigen wolle.
Eines Abends [...] gelang es der eifersüchtigen Frau, die verzauberte Stecknadel im

langen Haar der jungen Prinzessin zu befestigen, die sich sofort in eine weiße Taube verwandelte und pfeilschnell über der Stadt davonflog.
Der Prinz war völlig verzweifelt über das Verschwinden seiner Gemahlin [...] und so ging er auf Reisen, um seinen Kummer zu zerstreuen.
Doch die junge Frau, die in eine Taube verwandelt worden war, konnte sich nicht von dem Ort entfernen, an dem sie glücklich gewesen war [...] Sie kam jeden Tag in den Garten des Palastes und sang:

„Die Äpfel der Fruchtbarkeit,
was haben sie aus mir gemacht:
Meine Mutter hat mich gekauft,
und mein Vater ging schwanger mit mir,
die Gazelle hat mich großgezogen,
der Sohn des Sultans hat mich geheiratet.
Und seine böse Kusine, sie war es,
die so viel Unglück über mich gebracht hat."

Dann fügte sie noch hinzu:
„Gärtner, o Gärtner, sag mir, ist der Sohn des Sultans schon zurück oder nicht?"
„Noch nicht", antwortete der Gärtner.
„Weint, ihr Bäume, weint, ihr Steine, weint, ihr Fische auf dem Meeresgrund", sagte dann der Vogel; als die Kreaturen dies hörten, fingen sie an zu weinen.
Schließlich kam der Prinz zurück; sogleich eilte der Gärtner zu ihm, erzählte ihm von dem seltsamen Vogel und führte ihn in den Garten.
Der Prinz hörte den Vogel singen:
„Gärtner, o Gärtner, sag mir, ist der Sohn des Sultans zurück oder nicht?"
„Er ist angekommen", sagte der Gärtner.
„Lacht, ihr Bäume", rief sie daraufhin, „lacht, ihr Steine, lacht, ihr Fische auf dem Meeresgrund." Und all diese Kreaturen fingen an zu lachen.
Der Prinz wollte nun einen anderen jüdischen Hakim fragen, wie man einen solchen Vogel einfangen könne.
„Man muß einen goldenen Käfig bauen", antwortete dieser, „mit einem goldenen Freßnapf und einem goldenen Wasserschüsselchen, dann hängt man ihn in den Baum, in dem der Vogel zu sitzen pflegt, und läßt das Türchen offen."
So geschah es, und der Prinz konnte glücklich die schöne Taube, die froh über ein solches Gefängnis war, mit nach Hause nehmen. Als seine erste Ehefrau, die Tochter seines Onkels, den Vogel sah, geriet sie in Zorn und sagte zu ihrem Mann:
„Du benimmst dich wie ein kleiner Junge. Willst du vielleicht jedes Tier sammeln, das du so findest?"
Doch der Sohn des Sultans scherte sich nicht um die Vorwürfe und liebkoste zärtlich die Taube, die vor Freude kleine Schreie von sich gab. Plötzlich stieß seine Hand auf ein Hindernis. Unter den Federn fühlte er einen Stecknadelkopf. Er zog die Nadel heraus, und vor ihm stand die junge Frau in ihrer ganzen Schönheit.
Nun hatte er den Beweis für die Falschheit seiner ersten Frau und deren Sklavin, die ihr den Rat gegeben hatte. Und er ließ beide verbrennen und verbrachte nur noch glückliche Tage mit der Tochter der Gazelle.[22]

ZAUBERHAFTE BADEZEREMONIEN

ORIENTALISCHE BADEKULTUR

Orientalische Pracht entfaltet sich vor unserem inneren Auge vor allem, wenn wir an an die üppig ausgestalteten Bäder und Hammams denken. Feuchte Dunstschwaden, gepaart mit Wohlgerüchen, das Gefühl von Luxus, äußere Reinigung und innere Versenkung, Entspannung und Anregung zugleich, verhaltenes Gemurmel, vermischt mit leisem Frauenlachen – Orte, an denen die Zeit stehenbleibt. Die Prachtbäder in den orientalischen Palästen sind Legende und lassen uns ins Schwärmen geraten – zumal es noch gar nicht so lange her ist, daß sich bei uns Menschen überhaupt Bäder leisten konnten und diese dann auch eher karg – funktional, wie man heute so schön sagt – ausgestattet waren. Die Bereicherung des Lebens durch entspanntes und lustvolles Baden – das ist keine Erfindung des Okzidents, sondern Orient pur.

Ein solches orientalisches Bad aus dem 13. oder 14. Jahrhundert wird in dem byzantinischen Roman *Kallimachos und Chrysorrhoe* so beschrieben: „In diesem herrlichen Garten, diesem Park, gab es ein entzückendes, außerordentliches Bad voller Annehmlichkeiten, wunderbar anzuschauen. Wo soll ich anfangen, was zuerst beschreiben? Seine Größe, seine Pracht, seine Anmut, seinen schimmernden Schein, seine fremdartige Vegetation? Ein Garten von außerordentlichem Duft, von ausgefallenen Pflanzen und Blumen umgab das Bad … Dank ihrer genialen Anordnung reichte es, die Fenster zu öffnen, damit sich das wohlduftende Blattwerk ins Innere des Bades neigte. Statt einer wertvollen Marmorverkleidung war dieses Bad mit Spiegeln ausgekleidet … Betrat man das Bad, so schaute man in die Spiegel, man sah darin das ganze Bad, und man hatte den Eindruck in den Spiegeln die Blätter, die Früchte und den ganzen Garten zu sehen. Die Kuppel war von Gold überzogen und mit wertvollen Steinen besetzt. Der Künstler formte einen Baum in Gold mit künstlichen Früchten aus Edelgestein und Perlen.“[23]

Meist jedoch waren Wände und Böden mit Marmor verkleidet und mit kostbaren Intarsien oder erotischen Malereien versehen. Die Böden wurden in aller Regel durch eine Art Fußbodenheizung gewärmt, und der heiße Dampf strömte aus Ritzen im Boden. In kleinen Kanälen floß das Kondenswasser wieder ab. Skulpturen schmückten die Bäder, und köstliche Düfte schwängerten die Luft. Wasserspeier und kleine Brunnen sorgten für frisches Wasser und entspannendes Geplätscher. In den Ruhezonen luden Bänke mit frischen Laken zum Ruhen und dicke Teppiche zum süßen Schlummer ein. Fast immer gab es drei Räume, die unterschiedliche Funktionen besaßen – vom Reinigen über das Schwitzen bis hin zum Ausruhen: Caldarium, Tepidarium und Frigidarium. Oft waren diese noch unterteilt in kleinere Räume und Nischen, in denen man sich allein, mit den anderen Frauen der Familie oder Freundinnen zurückziehen konnte. Körperliche und seelische Reinheit waren hier – ebenso wie äußere und innere Schönheit – untrennbar miteinander verbunden.

Pracht- und Luxusentfaltung zeigen sich noch heute unter anderem in den Bädern des Topkapipalastes in Istanbul, einem Prachtbau von großer Schönheit. Für die Frauen diente der Besuch im Hammam auch dem Informationsaustausch und dem Klatsch. Es wurden Ränke geschmiedet und Ehen gestiftet. Nach der Badezeremonie speiste man ausgiebig, naschte orientalische Spezereien, bereitete sich auf eine Liebesnacht vor oder ruhte sich einfach nur aus.

Die Badekultur Arabiens hat eine lange Tradition. In den Ländern, in denen Wasser knapp ist, spielt die Reinigung durch gezieltes Schwitzen eine

ganz besondere Rolle. Alles, was mit Wasser zu tun hat, ist der reine Luxus. Wannenbäder waren schon deshalb nicht üblich, weil sie zuviel Wasser verbrauchten. Im heißen Dampf des Hammams wird der Haut Feuchtigkeit zugeführt, die im heißen Klima des Orients nur spärlich vorhanden ist. Und durch das Schwitzen werden auch Schmutzstoffe aus der Haut gelöst – sie wird weich und geschmeidig. Meist waren bestimmte Reinigungsprozeduren – zum Beispiel im Islam das Waschen von Gesicht, Händen und Füßen – durch die Religion vorgeschrieben.

In Ägypten hingegen waren auch schon Ganzkörperwaschungen bekannt. Berühmteste Badefee der Antike war Kleopatra, die der Überlieferung nach gern in Eselsmilch badete. Und auch Cäsar – ihr „Lebensabschnittspartner“ und Gatte – wußte, wie angenehm man sich im Bad erholen konnte. Schon damals bestand der Hammam aus mehreren Räumen, in denen man durchgeknetet und massiert wurde, in denen man schwitzte, sich abkühlte und vor allem regenerierte. Die Beduinen rieben sich in der Wüste – mangels Wasser – ausgiebig mit Sand ab. Auch das entfernt den Schmutz von der Haut.

Die Hammams galten und gelten vor allem auch als Ort der Gesundheitspflege. Schon in der Antike priesen namhafte und weniger namhafte Ärzte unermüdlich den Wert der Reinigung. In jeder Stadt wurden öffentliche Bäder errichtet. In Bagdad sollen es zeitweise bis zu siebenundzwanzigtausend Bäder gewesen sein. Die älteste Badeanlage entstand um 711 in der jordanischen Wüste.

In nahezu allen Kulturen spielt Wasser eine bedeutende mystische Rolle, es symbolisiert geistige Reinheit und stetige Erneuerung. Es gilt überdies als das älteste, wirksamste und preiswerteste Heilmittel. Prähistorische Völker tauchten ihre Kranken in Flüsse und Teiche, um sie von Leiden und Dämonen zu befreien – ein Brauch, der heute mancherorts immer noch gepflegt wird, auch um Kinderlosen die erhoffte Fruchtbarkeit zu bringen. Böse Geister – so glaubte man – fürchten neben dem Feuer nichts mehr als das Wasser.

Die Heilkraft des Wassers wurde in unseren Breitengraden hauptsächlich vom Gesundheitspfaffen Kneipp gepredigt. Kneippsche Bäder, Waschungen und Wickel werden heute noch angewendet. Es gibt sogar Kurbäder, die sich auf Kneippsche Wasseranwendungen spezialisiert haben. Die Heilwirkung aller Wasseranwendungen – auch Hydrotherapie genannt – beruht vor allem auf einer vermehrten Durchblutung, die den Stoffwechsel anregt und den Körper abhärtet. Die Haut, Nahtstelle zwischen Körper, Seele und Außenwelt, nimmt die thermischen Reize auf und leitet sie über das Nervensystem ins Körper-

„Du magst dem anderen das Weib stehlen, das Pferd, die Ehre, aber nicht das Wasser“, heißt es in einer Sure des Koran. Das Wasser ist für den Muslim nicht nur zum Überleben notwendig; wie im Judentum besitzt es auch im Islam eine große religiöse Bedeutung. Um die im Koran vorgeschriebenen rituellen Waschungen der Gläubigen zu gewährleisten, mußte vor allen Moscheen ein Brunnen oder ein Wasserbecken angelegt werden. Fand man an Ort und Stelle weder fließendes noch Grundwasser, wurde das kostbare Naß mühsam auf Lasttieren oder sogar auf dem Rücken von Menschen zu den Brunnen transportiert. Moscheebäder wie Brunnen waren meist Stiftungen wohlhabender Bürger, die durch ihre Spende hohes Ansehen erlangten.[24]

innere weiter. Dort kommt es zu komplizierten Reaktionen, die in viele Körpervorgänge wie Blutkreislauf, Blutdruck und Atmung eingreifen. Bei einem Wechsel zwischen heiß und kalt werden nach einer Weile auch die Organe besser durchblutet und sanft massiert.
Auch die Seele liebt das Wasser: Es beruhigt und entspannt die Nerven. Ein angeschlagenes Nervenkostüm wird durch ein Wannenbad, Saunagänge, Dampfsauna oder einen Besuch im Hammam wieder in Form gebracht. Das Plätschern von Wasser und das Rauschen des Meeres beruhigen die Nerven und stärken sie.

Der spirituelle Aspekt des Wassers

Das Wasser als heilige Quelle des Lebens zieht sich als Motiv durch alle Schöpfungsmythen. In den beiden ältesten Religionssystemen, die wir bislang kennen, dem sumerisch-babylonischen und dem ägyptischen, glaubte man an ein grenzenloses Urgewässer, das einst chaosartig die Welt überschwemmte und dann irgendwann geteilt wurde: in eine weibliche und eine männliche Hälfte – gleichbedeutend mit Salz- und Süßwasser. Aus ihrer Vermischung entstand die Welt. Die salzigen Wellen des Meeres sind gewissermaßen das Fruchtwasser, aus dem die Welt geboren wurde, die süßen Wellen das Sperma des Ursprungs. Dem entspricht auch das heute so populäre Prinzip von Yin und Yang aus dem alten China. Die beiden – Yin steht für weiblich und fließend, Yang für männlich und feurig – sollen sich ergänzen und nicht gegenseitig behindern. Sie sind nicht Feinde, sondern Liebende, und existieren seit Anbeginn aller Zeiten.
Ist alles im Gleichgewicht, ist das Leben ein gemächlich dahinfließender Strom. Der Mensch soll sich im Rhythmus des Wassers in seinem Strombett einrichten, denn so bleibt er mit dem Ursprünglichen, dem Göttlichen, verbunden. Wasser ist das höchste Gut, weil es durch seine Ausdauer und seinen ewigen Kreislauf alles andere besiegt.
In die vorderorientalische Vorstellung vom Beginn der Welt flossen auch die Überlegungen der griechischen Philosophen mit ein: „Panta rhei" – alles fließt, alles ist in Bewegung, erkannte der Philosoph Heraklit von Ephesos. In Ägypten wurde selbst das Überfließen – also die zerstörerische Kraft des Wassers – für segensreich gehalten, etwa wenn der Nil über die Ufer trat. Überschwemmungen galten als eine Reinigung des Geistes und wurden entsprechend gefeiert.
Das Geräusch von Wasser wird noch immer als außerordentlich beruhigend empfunden – so als würden wir zu unserem Ursprung zurückkehren. Man glaubt, daß das Geräusch der ans Ufer schlagenden Wellen in uns einen Widerhall findet, denn der Mensch besteht ja zu siebzig Prozent aus diesem Element. Wahrscheinlich streben wir unbewußt nach Wasser, indem wir uns in der Morgen- und Abenddämmerung ans Meer oder an einen Bach, einen Fluß, einen See, einen Wasserfall, einen Brunnen oder einen Gartenteich setzen, um vor uns hin zu träumen.
Auch deswegen spielen in den orientalischen Gärten und Hammams die Brunnen, künstlichen Wasserfälle und Wasserläufe eine so große Rolle. Wer in einem solchen Umfeld richtig meditiert, sagt man, taucht in seine eigene Wasserwelt ein. Und so macht man es: Schließen Sie beim Ruhen die Augen, und stellen Sie sich einen Paradiesgarten aus einem orientalischen Märchen vor. Sie befinden sich in einem abgeschiedenen grünen Innenhof, die Luft ist mild und alles auf das Prächtigste ausgestaltet. Überall plätschern Brünn-

lein und kleine Wasserfälle. Üppige Jasminbüsche duften mit blühenden Orangenbäumen um die Wette. Bäume spenden kühlen Schatten, das Geräusch des plätschernden Wassers und der Gesang von Nachtigallen streicheln sanft die Seele. Lauschen Sie diesen Klängen. Sie ziehen innere Unruhe und Hektik an, sammeln sie und versenken sie allmählich auf den Grund. Werfen Sie alles hinein, was Ihnen Kummer und Sorgen macht. Sie werden ruhig werden und dem Wasser vertrauen.

Diese Meditation können Sie auch im Urlaub am Meer durchführen oder einfach zu Hause in der Badewanne. Setzen Sie sich ins flache Wasser, schließen Sie die Augen, und stellen Sie sich den Paradiesgarten vor, während Sie tief und ruhig atmen.

Sie können Wasser und Meditation auch in folgender Weise miteinander verbinden: Suchen Sie einen Ort auf, an dem Sie ungestört sind. Schließen Sie die Augen, atmen Sie tief und ruhig. Lassen Sie sich in Gedanken an einem Flußlauf nieder, und konzentrieren Sie sich auf das Strömen des Wassers. Oder nehmen Sie Platz an einem Gewässer, das eine bestimmte Bedeutung für Sie hat – etwa den Badeteich Ihrer Kindheit oder einen romantischen See. Während Sie auf das Fließen oder die Bewegung des Wassers achten, tauchen in Ihrem Inneren bestimmte Bilder auf, die vielleicht einen Film ergeben. Lassen Sie sich überraschen, wohin Sie Ihre Gedanken, Erinnerungen und Visionen führen.

Wasser – Quelle der Schönheit

Wasser ist der Stoff des Lebens. Wir bestehen zu fast siebzig Prozent aus diesem Element, deshalb spielt es auch eine so große Rolle für uns. Wasser ist an allen Stoffwechselvorgängen beteiligt. Es erzeugt Wärme, löst und verteilt die lebensnotwendigen Nährstoffe und transportiert Schlacken. Es sorgt mit seinen Inhaltsstoffen (Salzen, alkalischen und sauren Verbindungen) für den richtigen Druck außerhalb und innerhalb der Körperzelle. Damit wir überleben können, muß der Wasserpegel im Körper konstant gehalten werden.

Jeden Tag scheiden wir über Atmung, Schweiß und Urin zweieinhalb bis drei Liter Flüssigkeit aus. Mindestens die Hälfte sollten wir uns über die Nahrung wieder zuführen. Vor allem Obst und Gemüse enthalten relativ viel Flüssigkeit. Die zwei Liter, die unser Körper braucht, sollten am besten aus Wasser pur bestehen. Es kann auch Leitungswasser sein, denn das hat heute eine hervorragende Qualität und ist häufig sogar reiner als Mineralwasser. Vor allem die Haut dankt es, wenn man reichlich trinkt. Auch von außen muß ihr Feuchtigkeit zugeführt werden, denn die äußeren verhornten Zellen der Epidermis können Wasser aufnehmen und werden dadurch sanft aufgepolstert. Die Haut wird etwas elastischer. Früher empfahl man den Frauen, im Nebel spazierenzugehen. Viel effektiver ist jedoch der Wasserdampf des Hammam oder der Dampfsauna – zumal das mit dem Nebel in der freien Natur ja eine recht unsichere Sache ist.

DER ZAUBER DES HAMMAM

Die Welt des Hammam ist eine Welt der Frauen. Männer sind nicht zugelassen, wenn Frauen hier baden. Männer pflegen ihren eigenen Hammam. Kleine Jungen dürfen etwa bis zu ihrem zehnten Lebensjahr mit den Frauen baden, bis sie „verständig“ sind – also bis sie in die Pubertät kommen und damit Frauen mit anderen Augen sehen. Für beide Geschlechter stellt der Hammam – wie schon erwähnt – vor allem auch so etwas wie einen Marktplatz dar, auf dem Neuigkeiten ausgetauscht werden und wo große und kleine Politik gemacht wird. Doch für orientalische Frauen, wenn sie traditionell leben, hat der Hammam eine viel weitreichendere Bedeutung als für die Männer, ist das Baden im Hammam doch eine der wenigen Gelegenheiten, bei denen sie das Haus verlassen und wenigstens für ein paar Stunden so etwas wie Freiheit genießen können. Nicht selten verbringen sie den ganzen Tag dort. Hier in der feuchten Wärme entsteht ein ganz besonderes Klima unter den Frauen – Scheu und Scham werden abgelegt, Figurprobleme unwichtig. Besucherinnen berichten von einer Atmosphäre der freundschaftlichen Vertrautheit. Mindestens alle zwei Wochen gönnt sich eine Araberin solch köstliche Stunden im Hammam, sagt man. Die Luft ist voll von wunderbaren Gerüchen: Rosenwasser, Weihrauch, Moschus und Ambra. Schon allein diese Düfte versetzen die Anwesenden in eine besondere Stimmung.

Die Hammams sind unterschiedlich prächtig ausgestattet. Je nachdem, wem sie gehören, sind es die reinsten Paläste, oder sie bestehen nur aus einem einzigen, wenn auch mit wunderbaren Mosaiken geschmückten Raum. Zur klassischen arabischen Badeprozedur gehören drei Räume, die alle eine unterschiedliche Funktion haben. Der erste ist ein großer, angenehm warmer Raum mit einem plätschernden Brunnen oder einer fließenden Wasserquelle in der Mitte und Ruhegelegenheiten und/oder Nischen an den Wänden. Meist besitzt dieser Raum eine wunderschöne Kuppel, die sanftes Licht einfallen läßt. Dann folgt die erste feucht-heiße Schwitzkammer, in der man sich auf mehreren Ebenen – ähnlich wie in unserer herkömmlichen Sauna – langsam aufzuheizen beginnt.

Nach einer Viertelstunde etwa ist der gesamte Körper mit feinen Schweißperlen übersät. Nun kann das große Waschen und Schrubben beginnen. Meist gibt es in öffentlichen Bädern auch Badefrauen, die eine kräftige und reinigende Rubbelmassage anbieten. Freundinnen und Verwandte reinigen, schrubben und massieren sich gegenseitig. Überall rieseln lauwarme Wasserquellen, mit denen man die abgestorbenen Hautteilchen abspülen kann. Dazu werden Schalen oder Eimer verwendet. Der Wasserfluß soll sanft sein, kein abruptes Hin und Her zwischen warm und kalt, naß und trocken. Alles, was die Seele beschwert, soll hier mit weggeschwemmt werden.

Die zweite Schwitzkammer ist das eigentliche Bad – eine sehr warme Halle, die man mit Holzschlappen betritt, um sich nicht die Füße zu verbrennen. Der heiße Dampf kommt aus Ritzen in den Fliesen. Da er rasch wieder kondensiert, fließen oft kleine Bächlein rings um den Raum, der ebenfalls in mehreren Ebenen zum Schwitzen einlädt.

Die Luft hier ist schwer und stickig, der Körper heizt sich stark auf. Der abrupte Wechsel von heiß und kalt ist auch hier tabu. Deshalb geht es danach wieder in den ersten Schwitzraum zum langsamen Abkühlen, bevor man in den Ruheraum überwechselt. In einem echten orientalischen Hammam kehrt hier allerdings nie wirklich Ruhe ein. Es wird nun gecremt, geschminkt und

parfümiert; die Haare werden gepflegt und gefärbt sowie lästige Härchen entfernt. Da klappern die Teetassen, es wird geschnattert und Süßes genascht oder opulent gespeist. Wenn ein rituelles Brautbad, bei dem die junge Frau für ihre Hochzeit schön gemacht wird, stattfindet, geht es besonders hoch her. Traditionell dient das Bad auch der Vorbereitung auf das Trauungszeremoniell und die geschlechtliche Vereinigung. Wie auch immer: Am Ende ist die Haut „glatt und weich wie Alabaster, duftend wie eine Rose".[25]
Besonders sehenswerte europäische Hammams finden sich in Paris und Istanbul. Berühmt für die Schönheit seiner Architektur ist das Dampfbad im Budapester Gellert-Hotel. Eines der schönsten deutschen Dampfbäder befindet sich im Müllerschen Volksbad in München. Auch in der Fremde mögen Marokkanerinnen, Tunesierinnen, Algerierinnen und Türkinnen nur ungern auf ihr traditionelles arabisches Schwitzbad verzichten. Es lohnt sich deshalb herauszufinden, ob es nicht auch in Ihrer Stadt ein solches Bad gibt, das vielleicht von den türkischen Mitbürgern eingerichtet wurde und auch Ihnen zugänglich ist. Viele unserer alten Bäder werden heute einer Verjüngungskur unterzogen und um Hammamelemente erweitert. In einigen Kurbädern gibt es bereits Hammams und große Dampfbäder.
Nicht jedes Dampfbad beruft sich auf die orientalische Tradition. Auch die Römer und die Iren kannten schon früh die Wohltat des heißen Dampfes für Körper und Seele. Der Unterschied der einzelnen Methoden liegt in den Temperaturen: Römisch-irisch schwitzt man bei etwa fünfundfünfzig, orientalisch bei bis zu fünfzig Grad. Bei den Dampfsaunen für zu Hause können Sie selbst die Temperatur bestimmen.

Dampf macht rundum schön

Feuchte Wärme beruhigt angespannte Nerven, löst verkrampfte Muskeln, lindert rheumatische Beschwerden und reinigt die Haut porentief. Da im Hammam die Körpertemperatur um etwa ein Grad ansteigt, wird das Immunsystem angeregt. Regelmäßige Badegänge machen widerstandsfähiger gegen Erkältungen und Infektionen. Wie bei der Sauna sollte man auf das Dampfbad verzichten, wenn man akut erkältet ist. Wer Herzprobleme hat, muß sich auf alle Fälle vorher mit dem Arzt besprechen.
Für Dampfbad- und Saunaneulinge gilt die einfache Regel: Das Dampfbaden und Saunen ist kein Leistungssport. Man soll die einzelnen Schritte und die Dauer des Aufenthalts in den Schwitzräumen vom eigenen Wohlbefinden abhängig machen. Ein finnisches Sprichwort lautet: „Solange dich deine Füße in die Sauna tragen, tragen sie dich auch wieder hinaus." Vor dem ersten Saunagang – das ist ein Unterschied zum Hammam – sollte eine gründliche Reinigung stehen; denn es schwitzt sich besser, wenn die Poren schon leicht geöffnet sind.
Ist man noch sehr gestreßt, sollte man vor dem ersten Gang versuchen, zur Ruhe zu kommen. Einer der wesentlichen Faktoren ist nämlich auch das Nichtstun und das Ungestörtsein. Moderne Geräte wie Handys sollten verbannt und der Zwang zur ständigen Aktivität, dem gerade Frauen häufig unterliegen, abgelegt werden. Wir reden zwar von Entspannung, doch was uns eher an- und umtreibt, ist die pausenlose Beschäftigung mit irgendwelchen Tätigkeiten.
Ständige Anspannung – die auch bei so manchen Freizeitaktivitäten entsteht – verbraucht eine Menge körpereigener Vitalstoffe, schwächt die Abwehrkräfte, verringert die geistige Leistungs-

fähigkeit und läßt uns früher altern. Das Gehirn braucht nämlich auch im Wachzustand immer Ruhephasen, in denen es die gewonnenen Eindrücke verarbeiten kann. Das Plätschern des Wassers, die gedämpfte Ruhe im Bad, das beruhigende Gemurmel im Ruheraum, das „Abschlaffen" nach den Schwitzgängen – all dies trägt dazu bei, den Alltag zu vergessen. Beim Nichtstun, Faulenzen und Herumtrödeln ordnen sich die Gedanken, die Muskeln entspannen sich, Streßhormone werden ab- und neue Reserven aufgebaut.

Die Ruhe spüren

Der beste Weg zu orientalischer Gelassenheit ist Stille. Hier eine kleine Einstimmungsübung: Schultern ausschütteln. Einmal tief ausatmen und sich dabei eine sanft sprudelnde Wasserquelle vorstellen. Wer das Glück hat, sich in einem echten Hammam zu befinden, sollte sich in die Nähe des Quellbrünnleins begeben und seinem Plätschern lauschen. Innere Unruhe und belastende Gedanken werden von dieser Quelle angezogen, sammeln sich dort und versickern allmählich im Grund. Während das Wasser Ihre Sorgen und die Unruhe aufnimmt, tief und ruhig atmen. Wer sich täglich für eine Weile in diese reale oder mentale Oase begibt, wird bald eine Veränderung in seinem Zeitgefühl bemerken und spüren, wie in seinen Körper eine tiefe Ruhe einkehrt.

Auch das ist Orient: Wer tagsüber eine Menge wegschafft, braucht mittags eine Verschnaufpause. Ein kurzer Schlaf erfrischt und fördert die Konzentration. Im Gegensatz zu unseren südlichen Nachbarn und den arabischen Ländern, fällt es uns schwer, mittags kurz auszuspannen. Wer einen Mittagsschlaf hält, wird milde belächelt oder für wenig leistungsfähig gehalten. Dabei haben französische Forscher herausgefunden, daß die Siesta uns nicht nur verbrauchte Energie zurückbringt und optimistischer stimmt, sondern uns auch freundlicher und ausgeglichener macht und die gute Laune fördert.

Das Haus der glücklichen Frauen
Eier, Datteln und andere kleine Geheimnisse

Die wichtigsten Zutaten wie Eier, Honig, Milch, Henna, Ton und alle möglichen Sorten von Ölen standen in großen Glaskrügen auf dem marmornen Brunnenrand. [...] Es gab drei Schönheitsteams: Das erste konzentrierte sich auf Haarkuren, das zweite auf die Zubereitung von Henna und das dritte auf Hautmasken und Düfte. Jedes Team besaß seinen eigenen *kanouns*, kleine Holzkohleöfen, und einen niedrigen Tisch, der mit einer beeindruckenden Vielfalt verschiedener Sorten Erde und anderer natürlicher Färbemittel, wie getrockneter Granatapfelrinde, Nußschalen, Safran und allen möglichen Arten duftender Kräuter und Blumen wie Myrte, getrockneten Rosen und Orangenblüten, bedeckt war ... Exotische Düfte wie Moschus und Ambra lagen in hübschen Muscheln bereit, die man zum weiteren Schutz noch in

Kristallbehälter gebettet hatte. [...] Einige der magischsten Pasten überhaupt waren die, für die Henna gebraucht wurde. Die Hennaexpertinnen mußten wenigstens drei verschiedene Mixturen bereithalten, um alle am Hof zufriedenzustellen. Für diejenigen, die starke flammendrote Strähnen wollten, wurde Henna mit einem kochenden Saft aus Granatapfelkernen und einer Prise Karmin verdünnt. Für die Frauen, die dunklere Töne wünschten, mußte Henna mit einem warmen Saft aus Walnußschalen verdünnt werden. Für die Frauen schließlich, die ihr Haar lediglich ein wenig kräftigen wollten, wirkte es wahre Wunder, wenn man Henna mit Tabak mischte. Schließlich gab es noch Frauen, die ihr Haar einer Feuchtigkeitskur unterziehen sollten. Für diese Gruppe wurde Henna zu einer dünnen Creme verarbeitet und mit Olivenöl geknetet – noch besser war Argan oder Mandelöl – und dann in die Kopfhaut einmassiert. [...] Das traditionelle *hammam*-Ritual schloß ein „Vorher"-, ein „Während"- und ein „Danach"-Stadium ein. Das „Vorher" fand im Hof statt, und dort machte man sich auch möglichst häßlich, indem man Gesicht und Haar mit all diesen unkleidsamen Mixturen bedeckte. Das zweite Stadium fand natürlich im *hammam* selbst statt, ganz in der Nähe unseres Hauses. Dort entkleidete man sich und betrat nacheinander drei kokonartige Kammern, in denen eine dampfende Hitze herrschte ... In dem „Danach"-Stadium trat man aus dem nebligen *hammam* hinaus in den Hof, wo man sich, eingehüllt in seine Handtücher, eine Weile ausruhen konnte, bevor man saubere Kleider anzog ...

Tatsächlich liebte ich dieses dritte Stadium des Rituals am meisten, nicht nur, weil ich mich wie neugeboren fühlte, sondern auch, weil unter Tante Habibas Aufsicht Saft serviert wurde, meist aus Orangen oder Mandeln, manchmal aber auch aus Nüssen oder Datteln. [...] Während einer bestimmten Zeit im Jahr gab es ein seltenes, himmlisches Getränk namens *zeri'a* [wörtlich „die Kerne"]. Auch hier sorgte Tante Habiba mit strenger Hand dafür, daß jeder seinen Anteil bekam. *Zeri'a* wurde aus Melonenkernen gemacht. Diese Kerne wurden gewaschen, getrocknet und dann für den ganz besonderen Zweck, *hammam*-Getränke daraus zu machen, in Glaskrügen aufbewahrt. Aus einem Grund, der mir bis heute unbekannt ist, wurde dieses wunderbare Getränk nirgendwo anders als im *hammam* serviert. Die Kerne mußten ziemlich schnell verbraucht werden, was bedeutete, daß man nur während der Melonensaison *zeri'a* bekam, also nur wenige Wochen im Jahr. Die Kerne wurden zerdrückt und mit nicht entrahmter Milch gemischt, dazu kamen dann ein paar Tropfen Orangenblütenwasser und eine Prise Zimt.

... Die Magie der *hammam*-Schönheitsbehandlungen und des *hammam*-Rituals lagen nicht nur darin, daß man sich wie neugeboren fühlte, genauso wichtig war, daß man das Gefühl hatte, selbst die Urheberin dieser Wiedergeburt zu sein. „Die Schönheit liegt in dir, du mußt sie lediglich nach außen bringen", pflegte Tante Habiba zu sagen, wenn sie am Morgen nach dem *hammam* wie eine Königin in ihrem Zimmer posierte.[26]

1001-NACHT-REZEPTE FÜR DIE BADEWANNE

Wenn Sie keine Möglichkeit haben, in der Nähe einen Hammam, ein Thermalbad oder eine Badeanstalt mit Sauna oder Dampfsauna zu besuchen, können Sie Ihr Badezimmer in einen Kleinsthammam verwandeln. Das Wichtigste für den Luxuspool haben Sie bereits: sich selbst!

• Stecken Sie das Telefon aus, wenn es sie nervt, ebenso den Anrufbeantworter und das Faxgerät. Vielleicht stellen Sie auch die Hausklingel ab! Sie müssen nicht immer erreichbar sein!
• Zünden Sie sich Duftkerzen im Badezimmer an. Es gibt sie inzwischen fast überall zu kaufen, in allen Duftrichtungen und Farben und für jeden Geldbeutel.
• Besorgen Sie sich Blumen zur Dekoration. Am schönsten und „orientalischten“ sehen Rosensträuße aus. Wer es sich leisten kann, verstreut Rosenblätter im Badezimmer, zumindest aber im Badewasser.
• Dekorieren Sie Ihr Badezimmer mit orientalisch anmutenden Seiden- oder anderen Stoffen. Sie können sie preiswert im Kaufhaus oder etwas teurer in speziellen Einrichtungsläden erstehen. Achten Sie aber darauf, daß Ihre Stoffdeko nicht in die Nähe der brennenden Kerzen gelangt.
• Schalten Sie das Licht aus, oder schrauben Sie rote und orangefarbene Strahler in Ihre Lampen.
• Besorgen Sie sich orientalische Musik, die leise im Hintergrund spielt. Sie können aber auch Wassermusik oder Sphärenklänge auswählen.
• Stellen Sie sich frische Früchte, eine Kanne mit Ihrem Lieblingstee oder vielleicht auch ein Gläschen Champagner an die Wanne.
• Im Bad sollte es angenehm warm sein, damit Sie sich rundum wohl fühlen.
• Flauschige Handtücher in Violett, Orange und Rot geben ein zusätzliches Flair und nehmen Öl- und Packungsreste nicht übel.
• Für die Zeit nach dem Bad sollten Sie sich einen schönen Kaftan leisten, zumindest aber einen hübschen, molligen Bademantel.
• Dann brauchen Sie noch einen Luffaschwamm oder Massagehandschuh.

Und nun geht's los:
Suchen Sie sich einen Badezusatz aus, auf den Sie gerade Lust haben. Mischen Sie sich aus Duftölen Ihre Lieblingsmixtur, oder verwenden Sie eine der nachfolgenden orientalischen Bademischungen. Bereiten Sie alles vor, legen Sie die Kassette ein, zünden Sie die Kerzen an, lassen Sie das Badewasser einlaufen. Dann verlassen Sie kurz den Raum und versuchen sich draußen auf Ihren persönlichen Hammam einzustimmen. Sie wollen sich jetzt etwas Gutes tun und sollten sich völlig darauf konzentrieren. Sie haben Zeit genug. Das Gefühl, keine Zeit zu haben, entspringt meist dem inneren Druck, hat aber wenig mit der realen Zeit, die Sie sich jetzt gönnen, zu tun. Atmen Sie tief durch, und lassen Sie den Alltag hinter sich. In diesen ein oder zwei Stunden bricht die Welt nicht zusammen, bekommt Ihr Partner keine Lebenskrise, entwickeln die Kinder kein Vernachlässigungssyndrom oder wird Ihr Chef Ihnen keine Abmahnung schicken. Es ist *Ihre* Zeit.
Der SPA-Experte Steve Capellini (*spa* ist altrömischen Ursprungs und heißt wahrscheinlich *solace per aqua*, was soviel bedeutet wie „Gesundheit durch Wasser“) empfiehlt aus seiner eigenen Erfahrung, noch folgende Regeln zu beherzigen:
• Treten Sie in Ihr Badezimmer ein, als wäre es ein fremder Ort. Öffnen Sie sich mit allen Sinnen: Nehmen sie die Düfte wahr, die Musik, das Licht der Kerzen, die Farben von Seide und Handtüchern.
• Sagen Sie sich jetzt, daß Sie sich etwas Gutes tun wollen. Vor allem: kein schlechtes Gewissen! Sie haben es sich tausendundeinmal verdient!

• Versuchen Sie nach und nach, alle Muskelpartien zu entspannen. Wenn Sie plötzlich an ein Problem denken, etwa an die Einkaufsliste, den Elternabend, die Konferenz, das neue Konzept oder finanzielle Transaktionen, nehmen Sie das zur Kenntnis, aber denken Sie nicht weiter darüber nach. Schieben Sie es einfach beiseite – nachher ist für solche Dinge immer noch Zeit genug. Atmen Sie tief durch, und achten Sie auf den Duft der Kräuter.
• Fangen Sie immer mit einer gründlichen Ganzkörpermassage an; damit schrubben Sie sich wie im Hammam alle alten Hautpartikel ab. Sie beginnen gewissermaßen Ihre Häutung.
• Dann geht es hinein in die Wanne.
• Nehmen Sie sich anschließend die Zeit, warm eingekuschelt zu ruhen – egal, ob auf dem Sofa, vor dem Kamin, auf oder im Bett. Schließen Sie die Augen, und nehmen Sie bewußt Ihr neues Körpergefühl wahr. Ein wohlschmeckender Tee rundet den Genuß ab. Nichts tun, nichts denken, nichts sein wollen …

Planen Sie den Einbau einer Sauna in Ihrer Wohnung oder Ihrem Haus? Es gibt heute Saunaöfen, die einen Einsatz für eine Dampf- und Kräutersauna besitzen. Sie sind zwar nicht ganz billig, bieten aber den Luxus, daß man die Wahl hat zwischen Sauna, Kräuterdampf und Dampfsauna.

Kleopatras legendäre Badezusätze

Zauberelixier Milch

Kleopatra badete gern in Eselsmilch, sagt die Legende. Lange Zeit hielt man das für die Marotte einer kapriziösen Frau. Doch wie recht sie mit ihrer Vorliebe hatte, bestätigten jetzt sogar die Wissenschaftler in den High-Tech-Labors der Kosmetikfirmen. Sie fanden sogenannte Wachstumsfaktoren in der Milch, die die Hautzellen dazu anregen, sich öfter zu teilen. Das erhält die Haut jung und frisch. Und so entstand eine neue Generation von Milchpflegeprodukten für die Haut. Aber auch „normale“ Milch aus der Flasche oder dem Tetrapack pflegt und schützt die Haut: Milchfett erhält ihren Schutzmantel, Milcheiweiß beruhigt und glättet trockene Haut, Milchsäure bindet Feuchtigkeit und wirkt wie ein Peeling. Vitamine und Mineralstoffe regen den Stoffwechsel an. Pro Vollbad braucht man bis zu zwei Liter Milch.
Naturkosmektikfirmen hingegen verwenden Milch und Molke mehr oder weniger in ihrem Urzustand und nicht in isolierten Einzelteilen. Milch könne sonst nicht ihre ganzheitliche Wirkung entfalten, sagen sie. Sie bieten ein umfangreiches Pflegeprogramm meist ohne Konservierungsstoffe mit Frischmolke, Ziegenmilch, Milch- und Molkepulver an. Es reicht von der Handcreme über Reinigungsmilch und Deo bis hin zum Lippenstift.
Sie können auch Molke aus dem Reformhaus ins Badewasser rühren. Alternativ: Fünf Eßlöffel reines Trink-Molke-Pulver. Molke schützt den natürlichen Säuremantel der Haut und stärkt seine Abwehrkräfte.
Als Zusatz zum Molkebad empfiehlt sich bei unreiner Haut Thymian, denn er enthält enzündungs-

hemmende Wirkstoffe und desinfiziert die Haut. Besorgen Sie sich in der Apotheke 100 Gramm Thymianextraxt. Kochen Sie diesen in einem Liter Wasser auf, lassen Sie ihn zehn Minuten ziehen, und gießen Sie ihn durch ein Tuch ins Badewasser mit der Molke. Nach zwanzig Minuten geht's wieder raus aus der Wanne.

Stutenmilch – als Granulat oder Badezusatz mit Milchkonzentrat –, ein altes Schönheitsmittel, ist heute ebenfalls wieder gefragt. Sie soll besonders gut für empfindliche Haut sein und Neurodermitis lindern. Ein solches Milchbad ist seifenfrei und reinigt deshalb mild.

Orientalische Badekräuter und -öle

Kräuter und Duftöle waren bei Kleopatra ebenfalls sehr beliebt. Sie benutzte sie – wie wir schon gehört haben – auf verschwenderische Weise. Die Aromen und Düfte aus Tausendundeiner Nacht bereicherten auch ihre Badezeremonien.
Aufgrund ihrer fettlöslichen Eigenschaften werden Kräuter und deren ätherische Öle über Haut und Schleimhäute vom Körper aufgenommen. So gelangen sie rasch über das Blut ins Gewebe der einzelnen Organe. Zudem wirken sie auch über unseren Geruchssinn und beeinflussen damit unsere Stimmung. Jedes Kraut, jedes Öl hat seinen eigenen Duft und seine ganz spezielle Wirkung (siehe dazu auch Seite 54 ff.).
Sie sollten immer das Öl oder Kraut auswählen, das Sie in Ihrer derzeitigen Verfassung am liebsten riechen. Geben Sie einen Löffel Sesam- oder Mandelöl als Basis ins Wasser, oder mischen Sie es vorher mit dem Öl Ihrer Wahl. Die duftenden Kräuter entfalten ihre Wirkung nicht nur über die Haut, sondern auch über die Atemwege. Deshalb immer tief durchatmen. Ein Luftsprudelbad verstärkt die Wirkung der Kräuter noch.

Zum Baden eignen sich die Öle folgender orientalischer Kräuter, Blüten und Gewürze besonders gut:

Anregend und durchblutungsfördernd: Engelwurz, Wacholder, Arnika, Muskatnuß, Rosmarin, Lorbeer und Kampfer

Beruhigend und entspannend: Melisse, Sandelholz, Majoran, Fenchelöl

Schlaffördernd: Lavendel und Neroli

Bei Migräne: Lavendel, Orange, Basilikum

Bei Streß und Sorgen: Geranie, Kamille, Lavendel, Rose

Bei Erschöpfung: Sandelholz, Ylang Ylang, Wacholder

Bei Erkältungen: Thymian und Salbei

Hautglättend: Malve, Rose

1001-Nacht-Rezepte für das Badewasser

Auch die Liebeslust wird durch die Körperpflege und Sinnlichkeit des Hammam geweckt. Hier einige Rezepte:

Das 1001-Nacht-Bad

50 g Rosenblätter
20 g Pfefferminzblätter
3 Tropfen Rosenöl oder Rosengeraniumöl
3–4 Eßlöffel Honig

Die getrockneten Pflanzenteile in ein Säckchen geben und zubinden. In der Badewanne mit etwas kochendheißem Wasser übergießen. Das Rosenöl mit dem Bienenhonig verrühren und zu dem Badewasser geben. Das Bad wirkt lindernd und beruhigend und entspannt die Muskeln.

Baden in Milch und Rosen

4–5 Eßlöffel Sahne
3–5 Tropfen Rosenöl

Die beiden Zutaten in ein Schälchen geben und gut miteinander verrühren. Das Öl braucht die Sahne, um sich richtig entfalten zu können. Dann langsam in das warme Badewasser tröpfeln lassen.

Sinnliche Mischung

4 Tropfen Bergamottöl
2 Tropfen Bayöl
1 Tropfen Ylang Ylang
3 Tropfen Rosenöl
1 Becher Sahne

Alle Öle gut mit der Sahne verrühren und in das warme Wasser tröpfeln lassen.

Baden wie die Königin von Saba

½ l Milch
¼ l Sahne
3–4 Eßlöffel flüssiger Honig
Einige Tropfen eines Ihrer ätherischen Lieblingsöle

Alles miteinander verrühren. Darauf achten, daß sich der Honig gut auflöst; die duftende Mischung in das warme Badewasser geben.

Pharaos Bademischung

Sie können das oben genannte Rezept durch eine Mischung ätherischer Öle bereichern, zum Beispiel:

5 Tropfen Sandelholzöl
5 Tropfen Bergamottöl
2 Tropfen Kardamomöl
5 Tropfen Geraniumöl
2 Tropfen Korianderöl
1 Tropfen Pfefferöl

Als Krönung streuen Sie zwei bis drei Hände voll Rosenblätter auf das Wasser.

Schöne Haut durch Milch, Salz und Honig

1 Handvoll Salz vom Toten Meer
1 Tasse Bienenhonig
1 l warme Milch auf
½ Teelöffel Weizenkeimöl

Geben Sie das Salz ins warme Badewasser. Dann lösen Sie den Honig in der Milch auf, fügen das Weizenkeimöl hinzu und vermengen es mit dem Badewasser. Das macht die Haut weich und widerstandsfähig zugleich.

Buttermilchbad für zarte Haut

Geben Sie drei Liter Buttermilch ins Badewasser. Ölen Sie sich selbst mit Weizenkeimöl ein, und steigen Sie so ins Wasser. Danach möglichst kalt duschen. Macht die Haut streichelzart.

Kräutervariante

Zusätzlich zur Buttermilch können Sie auch noch einen Kräuterzusatz ins Badewasser geben: Brühen Sie einen Melissentee auf; nehmen Sie dazu 100 Gramm Kraut auf einen Liter Wasser, und lassen Sie den Sud zehn Minuten ziehen. Durch ein Tuch ins Badewasser gießen. Der Melissenzusatz beruhigt und wirkt reizlindernd, trockene Haut erholt sich zusehends.

Königin-der-Nacht-Bad

½ Tasse Orangenschalen
1 Tasse Lavendelblüten
je ¼ Tasse Thymian, Rosmarin, Salbei, getrocknete Rosen- und Pfefferminzblätter sowie ein paar zerstoßene Nelken

Alles gut mischen und in eine Dose füllen. Für ein Wannenbad ein Viertel dieser Mischung aufkochen, ziehen lassen und in die Badewanne gießen.

Hammam spezial

20 g Seifenflocken
6 Tropfen Eukalyptusöl
4 Tropfen Lavendelöl
4 Tropfen Rosmarinöl

Flocken im Badewasser auflösen, dann die ätherischen Öle hinzufügen.

Gewürzbad für zwei

2 Tropfen Rosenöl
2 Tropfen Vanilleöl
1 Tropfen Zimtöl
4 Tropfen Sandelholzöl
2 Eßlöffel Mandelöl

Alle Öle im Mandelöl auflösen, langsam ins Badewasser geben und dann mit dem Liebsten in die Wellen steigen.

Magische Öle für die Zärtlichkeit

Dies Öle aus folgenden Pflanzen eignen sich besonders für sinnliche Badefreuden: Rose, Narzisse, Tuberose, Zistrose. Ylang Ylang, Moschus, Muskatellersalbei, Sandelholz, Pfeffer, Patschuli, Weihrauch, Zimt, Gewürznelke, Muskatnuß, Zitrone, Orange, Pertersilie, Sellerie.

Antikes Zitronenbad

Zitronen gelten im Orient als besonders wirksames Schönheitsmittel.

3 Zitronen in Scheiben
$^1/_2$ l kochendes Wasser
Einige Tropfen Duftöl

Die Zitronenscheiben werden mit dem kochenden Wasser übergossen. Sechs Stunden zugedeckt ziehen lassen. Durchsieben, Zitronenscheiben gut ausdrücken, Flüssigkeit in die Wanne gießen und mit warmem Badewasser auffüllen. Nach Belieben noch etwas Duftöl zugeben – etwa Geranium- oder Pomeranzenöl – und eintauchen. Dieses Bad erfrischt und ist gut für unreine, leicht fettige Haut. Wissenschaftler fanden überdies heraus, daß Zitronenduft leistungsfähiger macht und Streßhormone hemmt.

Ginsengwurzelbad

4 Stückchen Ginsengwurzel
1 l Wasser

Ginseng im Wasser aufkochen und köcheln lassen, bis sich die Menge auf ein Viertel reduziert hat. Abseihen und den Sud abgekühlt ins Badewasser geben. Mindestens 20 Minuten darin baden. Das macht die Haut streichelweich.

Happy-Hour-Bad

Mit Farben und Düften können Sie Stimmungstiefs bekämpfen. Gönnen Sie sich einfach eine Viertelstunde in einem warmen Farbbad in Orange, Gelb oder Rot, in Grün oder Blau. Sie können sie fertig kaufen oder aber einfach Lebensmittelfarbe verwenden. Das Wasser soll die Schwingungsenergie der Farben übertragen und gelassen stimmen. Einige Tropfen ätherisches Öl steigern das Gefühl von Luxus, Vergnügen und Harmonie. Rosen-, Orangenblüten- oder Pomeranzenöl eignen sich dafür am besten.
Rot: gibt Lebensfreude und Lebenskraft
Orange: fördert körperliche Energie und geistige Kraft
Gelb: spendet geistige Vitalität und Wärme
Grün: bringt Harmonie und Entspannung
Blau: ist gut für Ruhe und Entspannung

Das Bad und seine Wirkung

Wenn Sie ein Bad nehmen, hat das besondere Auswirkungen auf Ihren Körper. Die Atmung wird gleichmäßiger, der Atem geht tiefer in den Körper hinein, der Blutdruck sinkt, die kleinen Äderchen erweitern sich; das Herz schlägt schneller, die Haut wird besser durchblutet und der Körper mit mehr Sauerstoff versorgt. Die Haut öffnet ihre Poren, und die Zusätze im Badewasser können über die Haut in den Körper eindringen. 34 bis 36 Grad sind die richtige Badetemperatur. Wie voll die Wanne sein soll, hängt davon ab, wie fit Sie sind, denn Wasser übt Druck auf Ihren Körper aus und beschleunigt die Venentätigkeit, wirkt wie ein leichter Druckverband. Wenn Ihnen schwindlig wird, Wasser ablassen oder raus aus der Wanne!
Bestimmte Substanzen verstärken die Wirkung des Bades noch – das Salz aus dem Toten Meer oder eine Kräuter- und Ölmischung beispielsweise. Die Wirkstoffe bleiben auch nach dem Abtrocknen im Körper. Wer nach dem Bad noch etwas Zeit hat, sollte sich naß in ein großes Tuch wickeln oder einen Bademantel anziehen und für eine halbe Stunde gut zugedeckt ruhen. Danach braucht die Haut ein bißchen Fett und Feuchtigkeit. Gut eincremen oder einölen. Übrigens: Einmal duschen pro Tag und einmal baden in der Woche reicht aus. Alles andere strapaziert die Haut und bewirkt das Gegenteil von dem, was gewünscht wird. Badetabletten mit gepreßten Kristallen machen gute Laune, weil sie so schön blubbern und sprudeln. Sie sind überdies mit ätherischen Ölen – etwa Zitrone, Lavendel oder Rosmarin – versetzt. Eine Tablette pro Wanne reicht, sonst wird die Haut gereizt. Badesalze mit pflegenden Zusätzen schonen die Haut. Für verspannte Muskeln nach dem Sport ist Badesalz mit Minze, Weidenextrakt oder Lavendel geeignet. Immer öfter gibt es Badesalze passend zu Parfümlinien. Der Duft verteilt sich über den ganzen Körper und hält besonders lange an.

Das Heilsalz vom Toten Meer

Bei Erschöpfung, Infektionsanfälligkeit und Hautproblemen hilft ein Salzbad aus dem Toten Meer. Das mineralstoffreiche Salz ist in guten Drogeriemärkten, Reformhäusern und Apotheken erhältlich. Es lindert sogar Schuppenflechte und Neurodermitis. Für eine Vier-Wochen-Kur braucht man pro Bad etwa 150 Gramm Meersalz. Ausnahmsweise darf bis zu dreimal pro Woche gebadet werden. Das erste Bad sollte nicht wärmer als 36 Grad sein und nicht länger als zehn Minuten dauern. Langsam bis auf zwanzig Minuten steigern. Die Haut quillt bei Salzbädern nicht so stark auf. Dadurch steigt die Temperatur etwas an, und die Muskeln entspannen sich besser. Ein Salzbad hilft auch bei Muskelkater. Zusammen mit Eukalyptusöl ist es bestens gegen eine drohende Erkältung geeignet. Salz nach dem Bad kurz abduschen!

Reinigende Schönheitszeremonien für das Badezimmer

Kräuterwickel

Vermischen Sie etwa 100 g getrocknete Kräuter:
Kamille (antiseptisch)
Zitronengras (entgiftend)
Rosmarin (belebend)
Ein wenig gehackter Ingwer (ausgleichend)
oder
Pfefferminzblätter (durchblutungsfördernd)

Die Kräuter werden in ein Mullsäckchen gefüllt, fest zugebunden und in einem großen Kochtopf mit mindestens fünf Liter kochendem Wasser übergossen; zwanzig Minuten ziehen lassen.
Nun legen Sie ein Badetuch in die Kräuterbrühe und lassen es fünf Minuten ziehen. Dann nehmen Sie das Handtuch mit Plastikhandschuhen (wegen der Temperatur) heraus, wringen es aus und wedeln es geöffnet kurz hin und her, damit Sie sich nicht verbrennen. Anschließend schlingen Sie es sich um den Körper – ganz so wie nach dem Baden. Ein zweites, trockenes Badetuch wickeln Sie obendrüber, darüber den Bademantel. Nun zwanzig Minuten bis eine halbe Stunde ruhen. Danach den Wickel entfernen und ein Glas frisches Wasser trinken. Noch mal eine halbe Stunde ruhen. In den nächsten Stunden viel Flüssigkeit zu sich nehmen. Das entschlackt, entspannt und wirkt bei Bauchschmerzen.

Bohnenpeeling

Je eine halbe Tasse Vollkornreis und Azukibohnen (gibt es in Japan- und Bioläden oder Reformhäusern) mit Mörser oder Mühle fein mahlen, in einen Waschhandschuh füllen, anfeuchten. Mit der milchigen Flüssigkeit den ganzen Körper gründlich abrubbeln, dann ab in die Wanne, in die Sauna oder ins Dampfbad.
Reinigungspaste für das Gesicht: Einen Teelöffel Honig mit einem gehäuften Eßlöffel Reiskleie in der Hand vermischen. Mit sanft kreisenden Fingerbewegungen einmassieren. Gut abspülen.

Kamillen-Heilerde-Peeling

Ein Peeling für den ganzen Körper ist eine Wohltat für gestreßte Haut – auch nach einem Sonnenbad. Verrühren Sie Heilerde aus dem Reformhaus mit lauwarmem Kamillentee zu einem dünnen Brei, und tragen Sie die Mischung auf Ihren Körper auf. Sie können dazu die Hände nehmen; bequemer geht es mit einem weichen Pinsel. Nach zwanzig Minuten mit reichlich Kamillentee abspülen und die Haut gut eincremen.

Salz- und Milchpeeling für rauhe Stellen

Manchmal brauchen Ellbogen, Knie und Füße ein besonderes Peeling, damit sie glatt werden. Drei Eßlöffel Salz vom Toten Meer mit zwei Eßlöffeln Vollmilch zu einem Brei verrühren und die entsprechenden Stellen damit gründlich abrubbeln. Mit viel Wasser nachspülen und gut eincremen. Anfangs zwei- bis dreimal pro Woche, später nur noch alle vierzehn Tage.

Ganzkörperpackung mit Sahnejoghurt

Eine seidenzarte Haut erhält man durch eine Körpermaske aus zwei Bechern Sahnejoghurt (oder Joghurt mit einem Schuß Sahne), in den Sie zwei Teelöffel Weizenkeimöl und ein bis zwei Tropfen ätherisches Öl hineinrühren. Von Fuß bis Kopf auf dem Körper verteilen. Nach zehn Minuten lauwarm abduschen. Nur vorsichtig trockentupfen, nicht rubbeln, sonst werden die pflegenden Stoffe mit entfernt.

Duftölpackung für die Füsse

In ein warmes Fußbad je nach „Fußstimmung" fünf bis zehn Tropfen ätherisches Öl hineinträufeln: Lavendel und Rosmarin fördern die Durchblutung und machen munter, Fenchel bekämpft Fußgeruch. Nach dem Fußbad Füße kalt abduschen und mit einer ordentlichen Portion Creme verwöhnen.

Salzpackung für müde Füsse

Zwanzig Eßlöffel Salz vom Toten Meer mit einem Eßlöffel Pomeranzenschalenöl mischen. Eine Handvoll davon in ein warmes Fußbad geben. Füße zehn Minuten baden, nicht abtrocknen. Dicke Wollsocken anziehen. So lange anbehalten, wie es angenehm ist.

Massageöle für süße Mußestunden

Exotisches Gewürzöl

2 Eßlöffel Sesamöl
2 Tropfen ätherisches Öl –
etwa Orange, Rose oder Gewürznelke

Erwärmen Sie das Sesamöl, und geben Sie das Duftöl hinein. Massieren Sie nun den gesamten Körper vom Gesicht bis zu den Beinen mit sanft kreisenden Bewegungen. Hinterher mit warmem Wasser abduschen und – wenn möglich – eine Weile ruhen. Das macht die Haut zart, regt die Durchblutung an und ist Balsam für die Seele.

Paradiesisches Duftöl

8 Tropfen Sandelholzöl
3 Tropfen Vetiveröl
1 Tropfen Vanilleöl
5 Tropfen Patschuliöl
2 Tropfen Perubalsamöl
1 Tropfen Kardamomöl

Die Öle werden miteinander vermischt und sorgfältig in die Haut einmassiert. Dieses Massageöl duftet betörend und eignet sich zur Vorbereitung für sinnliche Stunden.

Sinnliche Massage mit der Erotik-Dream-Mischung

50 ml Aprikosenkernöl
6 Tropfen Sandelholzöl
3 Tropfen Kardamomöl
1 Tropfen Muskatöl
6 Tropfen Bergamottöl
3 Tropfen Patschuliöl
1 Tropfen Vetiveröl

Alle Zutaten gut durchschütteln – und schon kann es losgehen. Für eine sinnliche Massage ist keine bestimmte Technik erforderlich; fangen Sie einfach an, den Rücken oder den Bauch des (der) Liebsten sanft einzuölen, und arbeiten Sie sich allmählich vorwärts. Erogene Zonen sind die Brüste (auch beim Mann), die Kniekehlen, die Pofalte, der Beckenrand, die Hüften, der Bauch, die Innenseiten der Oberschenkel, die gesamte Wirbelsäule, der Nacken, die Ohren, die Innenseiten der Oberarme, die Schultern und die vielen kleinen, ganz persönlichen und ganz geheimen Punkte. Versuchen Sie zu erspüren, was dem Partner guttut.

Der schöne Fischer

Es war einmal ein Fischer. Der hatte einen Sohn, schön wie eine Lichtkugel.
Der Fischer gab dieses Kind in die Schule, damit es lernen und ein tüchtiger Mensch werden sollte. Aber der Jüngling lernte nicht. Da sagte der arme Mann:
„Er wird auch ein Fischer wie ich. Er wird nicht lernen."
Er ließ seinem Sohne eine große Fischplatte machen und mit Litzen besetzte und geschmückte Kleidung nähen.
Der Jüngling erreichte ein Alter von fünfzehn, sechzehn Jahren. Seine Stimme war über alle Maßen schön. Er nahm die Fischplatte auf den Kopf und ging auf die Straße hinaus. Wenn er rief: „Fisch, frischer Fisch!" lief jedermann zum Fenster und wollte den Jüngling sehen und seine Stimme hören.
Zeit kommt, Zeit vergeht, eines Tages ging der Jüngling am Palast des Padischah vorbei. Als er ruft: „Fisch, frischer Fisch!" läuft die Sultana sofort zum Fenster. Sie verliebt sich in seine Stimme und in ihn selbst. Die Sultana befiehlt ihren Dienerinnen:
„Holt die Fische und legt dem Jüngling eine Handvoll Gold auf sein Tablett!"
Die Dienerinnen führten den Befehl der Sultana aus.
Voll Freude kommt der Jüngling nach Hause. Er gibt seinem Vater das Gold. Aber sein Vater freut sich gar nicht. Er sagt: „Das ist kein gutes Vorzeichen, mein Sohn. Aber was sollen wir machen?"
Ein, zwei Tage vergehen … Jeden Tag, wenn der Fischer an dem Palast vorbeigeht, schickt ihm die Sultana eine Handvoll Gold …
Schließlich ruft die Sultana den Jüngling eines Tages herein und läßt ihm ein Frauenkleid nähen. Er muß nun auch falsches Haar tragen. Die Sultana täuscht alle im Palast, indem sie sagt:
„Ich habe eine neue Sklavin genommen."
Die Sultana unterrichtet den Jüngling im Lesen und Schreiben und läßt ihn Laute spielen lernen. Sie macht einen vollkommenen Menschen aus ihm. Schließlich wird der Jüngling der Sultana würdig.
Eines Tages sagt das Mädchen zu dem Jüngling:
„Ich werde dich heiraten."
Doch der Jüngling entgegnet:
„Gut, aber eines Tages wirst du dich dessen erinnern, daß ich Fischer war, und mir das vorhalten. Das kann ich nicht ertragen."
Das Mädchen hingegen versichert:
„Ich liebe dich. So etwas tue ich nicht."
Der Jüngling stimmt schließlich zu […], und sie heiraten. Eines Tages sagt der Jüngling zu dem Mädchen:
„Wenn du mir eines Tages vorwirfst, daß ich Fischer war, wird es mir die Sprache verschlagen, ich werde sprachlos sein und nicht mehr reden."
Danach vergehen Jahre … Sie verbringen eine Zeit voll Liebe, eine schöne Zeit. Als sich der schöne Fischer eines Tages mit dem Mädchen vergnügt, tut ihr der Bursche im Spaß etwas weh.
Da sagt das Mädchen:

„Au, das ist keine Fischplatte! Du dachtest wohl, ich bin eine Fischplatte?"
Dies verschlägt dem Jüngling sofort die Sprache. Er kann nicht mehr sprechen, und das Mädchen bereut, was sie gesagt hat, aber geschehen ist geschehen … Sie fällt dem Burschen zu Füßen, fleht und bettelt, aber obwohl sie auch sagt: „Es war ein Fehler, ich werde so etwas nicht wieder sagen", ist es unmöglich, den Jüngling wieder zum Sprechen zu bringen.
In dieser Nacht legen sie sich schlafen. Früh am Morgen, als der Tag anbricht, steht der Jüngling auf. Alles, was er bei sich hat, läßt er liegen. Fast nackt, nur mit einem Hemd und einer Hose bekleidet, geht er hinaus. Von ferne kam ein Schiff. Der Jüngling macht ein Zeichen mit der Hand, und das Schiff legt an. Er gibt wieder durch ein Zeichen zu verstehen, daß er das Schiff besteigen möchte und als Bootsmann, nur um freie Verpflegung, dienen wolle.
[…] Die Sultana liebte ihren Mann sehr. Als der Jüngling gegangen ist, fällt sie von einer Ohnmacht in die andere, wird krank und legt sich ins Bett. Sie schreibt ihrem Vater einen Brief:
„Mein lieber Vater! Ich habe meinen Mann erzürnt. Er hat mich verlassen. Ich werde ihn selbst suchen und finden. Erlaube es mir!"
Der Padischah sagt: „Gut!"
Das Mädchen läßt ein Schiff bauen, die Segel aus Atlas und die Masten aus Gold. Darinnen vierzig Schiffer und vierzig Mädchen, aber alle trugen Männerkleidung. Die Sultana fährt mit dem Schiff von einem Land zum andern.
[…] Eines Tages teilte man ihr mit:
„Ja, auf einem Schiff gibt es einen Schiffer, der nicht sprechen kann. Er spielt sehr gut Laute … Er ist nach Ägypten gezogen."
[…] Eines Tages kommen sie nach Ägypten. Da läßt das Mädchen das Schiff vor Anker gehen, und alle Bewohner von Ägypten eilen herbei, um das Schiff zu betrachten, denn es ist ein Schiff, wie sie es noch nicht gesehen hatten. Sie benachrichtigen auch den Padischah:
„Es ist ein Schiff gekommen, dessen Segel aus Atlas und dessen Masten aus Gold sind."
Der Padischah macht sich auch auf und erscheint mit allen seinen Wesiren, um sich das Schiff anzusehen. Sie nehmen den Padischah auf dem Schiff mit allen Ehren auf. Als er sich verabschiedet, lädt er seinerseits ein:
„Geruhet, auch in unserem Palast zum Essen zu kommen!"
Das Mädchen ging in Männerkleidung wie ein Schiffer hin, und der Padischah weiß nicht, daß sie ein Mädchen ist …
Schließlich tritt, als sie im Palast essen, eine Kapelle von Saitenspielern auf, und ein Vergnügen wird veranstaltet. Da sieht das Mädchen, daß der Jüngling hier unter den Spielern ist. Das Mädchen sagt zu dem Padischah:
„Wie schön spielt dieser Jüngling Laute!"
Der Padischah erwidert:
„Ja, er spielt sehr schön Laute, aber leider ist er stumm."
Daraufhin sagt das Mädchen:
„Nein, er ist nicht stumm!"
Der Padischah antwortet:

„Er ist schon ein halbes Jahr in meinem Palast. Es gibt kein Mittel, er spricht nicht."
Hierauf bittet das Mädchen.
„Gebt mir den Jüngling für diese Nacht. Ich werde ihn zum Sprechen bringen. Wenn ich ihn nicht zum Sprechen bringe, so gebe ich Euch alle vierzig Schiffer, die ich auf meinem Schiff habe."
Solch eine Abmachung treffen sie.
Da geben sie den Burschen für diese Nacht dem Mädchen. Bis zum Morgen fleht das Mädchen und fällt ihm zu Füßen.
„Von wie weit bin ich gekommen! Ich habe für dich so viel Leid ertragen. Mach nicht, daß ich mich schämen muß, sprich!" sagt sie.
Es ist unmöglich, der Jüngling redet nicht.
Es wird Morgen. Das Mädchen gesteht dem Padischah:
„Ihr habt die Wette gewonnen, mein Padischah. Meine vierzig Schiffer gehören euch."
[...] Dann bittet sie den Padischah:
„Gebt mir den Jüngling auch diese Nacht! Wenn ich ihn heute nicht zum Reden bringe, soll mein Schiff Euer sein." Auch diese Nacht fleht sie den Jüngling bis zum Morgen an und kann ihn wieder nicht zum Reden bringen.
Am nächsten Tag liefert sie ihr Schiff an den Padischah aus.
Es kommt die dritte Nacht. Das Mädchen sagt wieder zu dem Padischah:
„Gebt mir den Jüngling auch diese Nacht! Wenn ich ihn nicht zum Sprechen bringen kann, besitze ich nichts mehr, was ich geben kann. Dann laßt mir den Kopf abhauen!"
Diesmal fleht der Padischah das Mädchen an: „Tu das nicht, mein Sohn! Laß dich nicht auf solch eine Wette ein, du bist doch noch jung!"
Obwohl er das sagt, beharrt das Mädchen auf ihrem Willen und sagt: „Entweder bringe ich ihn zum Sprechen, oder ich sterbe!"
Für diesen letzten Versuch treffen die beiden eine Vereinbarung: „Wenn ich den Jüngling zum Sprechen bringen kann, nehme ich mein Schiff und meine Sklaven zurück. Wenn ich ihn nicht zum Sprechen bringen kann, soll mein Kopf Euer sein."
Nun fleht das Mädchen den Jüngling in dieser Nacht bis zum Morgen an: „Sieh einmal, ich werde sterben! Wie kannst du mich dem Tode ausliefern!"
Sie fällt dem Jüngling zu Füßen. Aber es hat keinen Zweck, sie kann ihn nicht zum Reden bringen.
Es wird Morgen. Man errichtet auf dem Platz einen Galgen, und die Bevölkerung versammelt sich. Alle erscheinen bei dem Schauspiel, auch der Stumme befindet sich unter der Menge. Die Tochter des Padischah kommt und tritt unter den Galgen. Gerade als man ihr die Schlinge um den Hals legen will, ruft der Jüngling:
„Halt, das ist keine Fischplatte, das ist der Kopf einer Sultana!" (Denn er hatte seinerzeit zu dem Mädchen gesagt: „Bis du stirbst, spreche ich nicht!")
Dazu klatschen alle Beifall. Die Sultana nimmt ihre Sklaven, ihr Schiff und auch ihren Mann, und sie kehren in ihr Land zurück. Bis sie sterben, leben sie glücklich. [...][27]

Anregende Getränke und Tees

VON DER EROTIK DER GEWÜRZE

Der Orient ist eine Welt, in der alles anders riecht und schmeckt, in der einem die Aromen aus Tausendundeiner Nacht ständig um die Nase wehen. Die arabische Küche mit ihren exotischen Geschmacksnuancen erscheint uns äußerst geheimnisvoll und verheißt uns die verführerischsten kulinarischen Genüsse. Sie gilt als die „amouröse Küche“ schlechthin. Das liegt unter anderem an ihren wunderbaren Düften, den vielen Kräutern und Gewürzen, dem reichlich gefüllten Obst- und Gemüsekorb und der Vielzahl an Rezepten. Gewürze und Kräuter galten als ein Zeichen von Reichtum, seit sie durch die Königin von Saba und ihre legendäre Karawane aus dem glücklichen Arabien zu König Salomo gelangten.

Noch heute sind Gewürze die „Seele“ der orientalischen Küche. Sie regen an und regen auf, sie schenken nicht nur Gesundheit, sondern innere Hitze und Lebensfreude. Sinnlichkeit und Leidenschaft der Gefühle sind für den Araber immer verbunden mit dem Wohlbefinden der Seele. Das Vergnügen am Geschmack und Wohlgeruch der Speisen gehört zum Spiel der Verführung, egal, ob es zur erotischen Begegnung kommt oder nicht. Sinnlichkeit – das ist ein Zustand der Seele. Auch in Scheherazades Märchen wird Erotisches angedeutet, jedoch nie ausgesprochen. Das Unaussprechliche in Worte und Bilder zu fassen – das ist die Kunst!

In vielen Märchen aus Tausendundeiner Nacht können wir aber ganz ausführlich nachlesen, welche Speisen zu diesen Anlässen angeboten wurden. Bei lukullischen Mahlzeiten waren fast immer Erzählerinnen oder Erzähler anwesend, die die Tafelnden mit phantasievollen Geschichten und Märchen unterhielten. Das Erzählen galt und gilt im Orient als eine hohe Kunst.

Anregende Liebestränke

Ein wichtiger „Zweig“ der alten Medizin und folglich auch der arabischen Küche war das Mischen von aphrodisierenden Mitteln. Auch in die griechische Götterwelt hatte orientalisches Räucherwerk, das sinnlich machende Liebesdüfte verbreitete, Eingang gefunden. Bewußtseinserweiternde Pflanzen hatten ihren festen Platz in der medizinisch-religiösen Welt. Aus Indien ist die Droge Soma, aus Persien das nah verwandte Haoma (Steppenraute) und aus dem Vorderen Orient der Granatapfel bekannt. Auch wußte man um die psychedelische Wirkung von Alraune, Bilsenkraut und Tollkirsche. Sie dienten alle auch der Luststeigerung. So wurde Mohn beispielsweise „Pflanze der Freude“ genannt.

Die ersten schriftlichen Hinweise auf luststeigernde Mittel fanden sich unter anderem in den altägyptischen Papyrusrollen. Zu den altbewährten Aphrodisiaka zählten auch Hanf, Opium, Stechapfel und eine Reihe anregender Gewürze. Im Orient haben sich zahlreiche Rezepte erhalten – etwa die der „Orientalischen Fröhlichkeitspillen“. Da sie zumeist Rauschmittel enthalten, die bei uns verboten sind, werden hier verständlicherweise keine Rezepte empfohlen.

Von den in diesem Buch beschriebenen Pflanzen und Gewürzen gelten als wirksame Liebesmittel, aus denen sich Getränke zubereiten lassen: Anis, Basilikum, Eisenkraut, Galgant, Granatapfel, Ingwer, Kardamom, Koriander, Meerträubel, Piment, Petersilie, Rose, Rosmarin, Schafgarbe, Sellerie, Teestrauch, Getreide, Wermut und Zimt.

Wenn Sie zu einem sinnlich stimulierenden Menü bitten wollen, könnten Sie als Aperitif einen der folgenden traditionellen Liebestränke reichen:

Damianatee

3 Teile Damianakraut
2 Teile Pfefferminzkraut
Pomeranzenblüten

Die Kräuter vermischen und mit kochendheißem Wasser überbrühen. Fünf Minuten ziehen lassen.[28]

Arabisches Jasminwasser

Eine Handvoll Blüten von arabischem Jasmin (Bezugsquellen Seite 153) wird mit kaltem Mineralwasser aufgegossen und einige Stunden oder über Nacht kalt gestellt. Ein köstliches Getränk für bezaubernde Liebesstunden.

Meerträubeltee

1–2 gehäufte Eßlöffel Meerträubelkraut pro Teetasse
Je 1 Prise Anis und Pfefferminzkraut

Teekraut mit Wasser zugedeckt etwa zehn Minuten kochen, Anis und Pfefferminze dazugeben und noch einige Minuten ziehen lassen. Abgießen und nach Belieben süßen. Die aphrodisierende Wirkung tritt nach einer Viertelstunde ein. Bei Männern sollte man Überdosierungen vermeiden, weil sonst die gegenteilige Wirkung eintritt.[29]

Koriandertrank

2–3 Teelöffel Korianderfrüchte
1 l Rotwein

Die Früchte werden im Mörser zerstampft und mit dem Rotwein übergossen. Eine Woche im Kühlschrank ziehen lassen, dann abseihen. Gläschenweise bei Zimmertemperatur trinken.
Gegen Migräne hilft folgende Variante: Zwei Teelöffel Korianderfrüchte zerquetschen und mit einer Tasse siedendem Wasser aufgießen. Nach zehn bis fünfzehn Minuten durch ein Sieb schütten. Mehrmals täglich eine Tasse frisch bereiteten Tee trinken.

Saleptrank

1 Teelöffel Saleppulver
(das sind gemahlene Wurzeln einer Orchideenart)
1 Tasse kalte Milch
Zimt und Zucker

Das Pulver in die Milch geben, umrühren, bis zum Siedepunkt erhitzen, mit Zimt und Zucker bestreut servieren. Reine Orchideenwurzeln sind teuer, aber in guten türkischen Geschäften wird fertiges Salepgetränk angeboten.

Safrantrank

Je eine Prise Zimt, Kardamom, Ingwer, Pfeffer,
Gewürznelke, Muskatnuß und Safranfäden
Schwarzer Tee

Gewürze am besten frisch im Mörser zerstößeln, mit schwarzem Tee mischen, mit kochendem Wasser überbrühen, drei Minuten ziehen lassen, mit Honig süßen. Immer dann trinken, wenn sie oder er in Wallung geraten wollen oder sollen.

Die Karawane des Lebens, schau,
wie sie vorüberzieht,
Ergreife das Glück, in jedem Moment
deines Lebens!
Sorge dich nicht, o Mundschenk, um das
Morgen deiner Gäste,
Reich uns das Glas, schenk ein den Wein
und höre: die Nacht vergeht.

Omar Hayyam[30]

Zitronensekt

2 Schnapsgläschen Zitronensaft
3 Schnapsgläschen frisch gepreßten, ungesüßten Ananassaft
1 kräftiger Spritzer Mandellikör
Trockener Sekt oder Champagner

Saft und Likör vermischen, mit Sekt oder Champagner aufgießen.

Safranmilch

1 Tasse Milch
1 Messerspitze Safran
Honig nach Bedarf

Milch zum Kochen bringen, Safran hinzufügen, zwei Minuten sanft köcheln lassen. Mit Honig süßen, noch warm trinken. Eine Tasse pro Tag reicht.

Granatapfelsaft

1 Granatapfel
Trauben- oder Dattelsirup zum Süßen
Trockener Sekt oder Champagner

Den Granatapfel in zwei Hälften teilen und auspressen. Nach Belieben und Reifegrad der Frucht mit dem Trauben- oder Dattelsirup süßen und mit Sekt oder Champagner aufgießen.

Vanillekefir mit frischen Ananas

200 g Ananas
2 Schnapsgläschen Ahornsirup
(nach persönlichem Geschmack auch mehr)
Echte Vanille aus dem Reformhaus
(Vanille ist ein Aphrodisiakum aus der indianischen Tradition, in Vanillezucker ist künstliches Vanillearoma enthalten)
Nach Geschmack Zucker
$^1/_8$ Liter gekühlter Kefir

Ananas pürieren, Ahornsirup dazugen und mit dem Kefir, der kalt sein muß, verrühren. Mit Vanille und Zucker abschmecken.

Petersilienwurzeltee

1 gestrichener Teelöffel frisch geraspelte Petersilienwurzel
Kochendes Wasser

Die Petersilienwurzelraspel mit dem kochenden Wasser übergießen, eine Viertelstunde ziehen lassen; zwei bis drei Tassen über den Tag verteilt trinken. Nicht für Schwangere geeignet!

Die ausgelöschte Kerze

Eines Nachts, so erinnere ich mich, saß ich allein und schlaflos in meinem Zimmer, als ganz unerwartet ein Freund erschien, den ich damals sehr liebhatte:

Meine Sehnsucht wurde wirklich,
und die Finsternis zerstob
vor dem Leuchten meines Glückssterns –
dafür sei ihm Preis und Lob!

Eine Freude, die uns überrascht, ist eine doppelte Freude. So sprang ich denn auf und – ungeschickt in meiner Aufregung – wischte mit meinem Ärmel über das Kerzenlicht und löschte es aus. Jäh wurde es dunkel um uns. Da hörte ich die Stimme meines Freundes, die mich schalt und ausrief: „Was soll denn das bedeuten? Warum löschest du das Licht aus im gleichen Augenblick, in dem du mich siehst?"
„Weil ich gedacht habe, die Sonne sei aufgegangen!" erwiderte ich und fügte die Verse hinzu:

„Verschattet dir ein Unhold
frech dein Licht,
so zünde mutig heim dem Bösewicht –
doch steht da ein Lieber
mit lächelndem Munde,
so lösche das Licht und genieße die
Stunde!"[31]

Rosenapero

1 Glas Madeira
2 Tropfen Rosenöl
1 Teelöffel flüssiger Honig
2 Glas Champagner

Madeira, Rosenöl und Honig in einer Karaffe mischen und rühren, bis sich Honig und Öl aufgelöst haben. Champagner dazugeben, vorsichtig vermischen; in schönen Gläsern servieren.

Duftende Rosenbowle

1 Flasche trockener Riesling
1 cl Weinbrand
1 Tropfen Rosenöl
5 frisch erblühte, ungespritzte, stark duftende Rosen
1 Flasche trockener Sekt oder Champagner
Zucker nach Geschmack

Den Riesling, den Weinbrand und – nach Belieben – etwas Zucker in ein Bowlengefäß geben; das Rosenöl hinzufügen und gut vermischen. Rosenblätter von den Stielen lösen und in die Flüssigkeit streuen, ganz vorsichtig umrühren. Nun die Bowle zugedeckt ein bis zwei Stunden ziehen lassen. Die Rosenblätter herausfischen und die Bowle mit dem kalten Sekt auffüllen. Noch einige frische Blätter obendrauf streuen.
Sie können sich für romantische Abende auch einen Rosenwein bereiten, indem Sie ein Flasche trockenen Riesling (oder einen anderen trockenen Wein Ihres Geschmacks) mit einem Tropfen Rosenöl vermischen und 24 Stunden im Kühlschrank ziehen lassen.
Diese beiden Getränke sind bestens für den Auftakt der gemeinsamen Stunden geeignet, da ihr Aroma sehr ausgeprägt ist.

Der Liebe zuträglich, wenn er vergoren

Obwohl Mohammed vom Alkohol abgeraten hatte, galt der Wein bei vielen Ärzten nicht nur als Genußmittel, sondern auch als Arznei. Der Arzt Avicenna empfahl alten Wein, egal, ob rot oder weiß, weder süß noch sauer, aber von feinem Duft. Junger Wein sei schädlich für die Leber, erzeuge Blähungen und Durchfall. Wer einmal zuviel vom gärenden Traubensaft – Federweißer, Sauser oder Suser – getrunken hat, weiß, daß das stimmt. An anderer Stelle wird ein Loblied auf den Wein gesungen: „Es ist davon die Rede, daß Wein dem Menschen insgesamt zuträglich sei: in jedem Alter, zu jeder Zeit, an jedem Ort. Und zwar als Medium, welches Freude, Heiterkeit, Entzücken vermittelt, Traurigkeit vertreibt, umstimmt und Sorgen vergessen läßt – vorausgesetzt, der Wein bringt mehr Nutzen als Schaden: ›Er reinigt die Blase, säubert die Adern und läßt reifen, was roh in uns und unfertig ist.‹“
Über die Folgen übermäßigen Alkoholgenusses weiß Avicenna zu berichten: „Ein Zuviel an Wein hat Verwirrung des Verstandes zur Folge, Verlust der Manneskraft, ständiges Herzklopfen und Schwund des Geldes“, aber sehr oft auch „schwarzgallige Vorstellungen“, was in etwa dem Ausdruck Melancholie entspricht oder den „weißen Mäusen, die einem Alkoholiker vor seinem geistigen Auge erscheinen können“.[32]
Man fragt sich, zu welcher Ansicht der Prophet angesichts der köstlichen Weine gelangt wäre, die heute in den Tälern des Libanongebirges wachsen. Sie sind von hoher Qualität, und man sagt ihnen nach, daß sie sich durchaus mit berühmten Edelgewächsen messen können.

WOHLFÜHLTEES FÜR IHRE GÄSTE

Das Lieblingsgetränk der Araber war schon von jeher Tee. Man kochte sich einen Aufguß von scharfer Minze und im Winter einen von Wermut. Damit das jeweilige Gebräu nicht so bitter schmeckte, bereitete man nun zusätzlich Tee und mischte die Getränke. Noch heute serviert man Minze oder Wermut und schwarzen oder grünen Tee aus zwei verschiedenen Kannen und gießt sie schwungvoll von oben in ein Teeglas. Der Araber trinkt den Tee traditionell stark gesüßt und mindestens drei Gläser davon.

Über die Handelswege kam der Tee schon früh auf die Arabische Halbinsel und in den Norden Afrikas. Ein arabischer Händler, ein gewisser Suleiman, war es, der den schwarzen Tee außerhalb seiner Ursprungsländer erstmals erwähnte. In seinen Berichten aus China und Indien aus dem Jahr 851 fand sich folgende Beschreibung: „Es ist eine Pflanze, die mehr Blätter hat als der Klee, auch einen stärkeren Duft, die jedoch sehr bitter schmeckt. Man bringt Wasser zum Kochen und gießt es darüber." Er berichtete, daß in China „dem König als wichtige Einnahmequelle das Salz und ein Kraut zur Verfügung stehe, das sie mit heißem Wasser trinken und das sehr teuer, aber dennoch allgemein verbreitet ist". Die arabischen Händler galten als wichtige Mittler zwischen Morgen- und Abendland. Schließlich transportierten sie nicht nur Waren, sondern brachten auch fremdes Wissen und fremde Philosophien.

Heute trinken die Orientalen bei jeder Gelegenheit und zu jeder Tageszeit Tee. Heiß und süß muß er sein. Besonders beliebt ist grüner Tee mit Zucker, gewürzt mit frischer Minze, die die Araber *nanah* nennen. Gästen wird der Tee nach marokkanischem Brauch auf dem landesüblichen, feinziselierten Messingtablett gereicht. Die Regeln der Gastfreundschaft gebieten es noch heute, drei Gläser Tee anzubieten, wobei das letzte das stärkste sein soll. Man will dem Gast damit die Möglichkeit geben, sich erst einmal auszuruhen. Zur Zeit der Karawanenreisen war es üblich, dem Gast drei Tage Ruhe zu gewähren, bevor geschäftliche Dinge besprochen wurden.

Schwarzer Tee gilt als das Getränk, das nach Wasser am häufigsten getrunken wird. Er gehört inzwischen zum Alltag so vieler Länder, daß uns gar nicht mehr bewußt ist, daß auch er aus einer Heilpflanze gewonnen wird. Der schwarze Tee stammt vom Teestrauch (*Camilla sinensis*). Seine wichtigsten Inhaltsstoffe sind das Koffein (chemisch ist zwischen Koffein und Tein kein Unterschied, deswegen benutzt man den Begriff Tein nicht mehr) und die Gerbstoffe. Die ätherischen Öle sorgen für den feinen Duft und das köstliche Aroma. Etwa vierhundert Aromastoffe sind inzwischen bekannt, die den typischen Duft und Geschmack ausmachen. Weitere wirksame Spurenelemente sind Fluorid, Kalium, Mangan, Theophyllin, Theobromin und Vitamine der B-Gruppe, die vor allem den Nerven guttun.

Das Koffein im Tee fördert die Durchblutung und den Stoffwechsel des Gehirns. Insofern wirkt es direkt auf unsere „Denk- und Fühlzentrale" und das zentrale Nervensystem. Tee gilt dehalb als Stimulans für Geistesarbeiter. Wissenschaftliche Untersuchungen ergaben, daß der Genuß von Tee das Lernen nicht nur beschleunigt, sondern auch verbessert. Den Gerbstoffen wird eine heilende Wirkung bei Darmerkrankungen zugeschrieben. Die Mineralstoffe sorgen unter anderem dafür, daß wichtige Enzyme im Körper aktiviert werden, daß Tee karieshemmend ist und den Blutzuckerspiegel senkt. Das Theophyllin wirkt gefäßerweiternd und entwässernd, die Kontraktionen des Herzens werden erhöht. Die B-Vitamine steigern die Vitalität. So ist der Tee auch ein empfehlenswerter Begleittrank zu einem sinnlichen Menü.

Wie lange soll der Tee ziehen?

Drei Minuten: Das bringt eine anregende Wirkung. Das Koffein ist vollständig gelöst, die Gerbstoffe nur zum Teil. Fünf Minuten: Der Tee wirkt beruhigend, hat aber seine anregende Wirkung nicht verloren. Die Gerbstoffe sind gelöst.
Je nachdem, welche Wirkung Sie bei Ihrem Gast/Ihren Gästen erzielen wollen, sollten Sie den Tee bei den folgenden Rezepten also kurz oder länger ziehen lassen.

1001-Nacht-Tee

Je eine Prise Zimt, Kardamom, Ingwer, Nelken und schwarzer Pfeffer

Man übergießt die Mischung mit Wasser, läßt sie 15 bis 20 Minuten köcheln und trinkt sie mit viel Milch.
Dieser reine Gewürztee gehört zu den am stärksten duftenden Tees. Es riecht sofort nach Weihnachtsbäckerei, wenn man ihn zubereitet. Da die verwendeten Gewürze in dem Ruf stehen, den Geist für spirituelle Einsichten zu öffnen, hat der Tee heute zwar den Namen Yogitee erhalten, er schmeckt jedoch nach 1001 Nacht pur.
Es gibt fertigen Zimt- und Yogitee im Reformhaus zu kaufen, die beide ebenfalls ganz köstlich schmecken.

Zimttee

Schwarzen Tee in gewohnter Stärke kochen. Pro Person 1 Prise gemahlenen Zimt und einen Löffel Honig dazugeben. Jeder rührt seinen Tee mit einer Zimtstange um. Das verstärkt das Aroma. Wer mag, süßt nach.

Marokkanischer Tee

Grünen Tee – am besten Gunpowder – in eine Kanne geben, mit ein wenig kochendem Wasser überbrühen und kurz darauf wieder abgießen. Dann die Teekanne mit kochendem Wasser füllen und einige Minuten ziehen lassen. In Gläser gießen, in die man zuvor (möglichst frische) Minzeblätter gelegt hat. Stark zuckern! Man kann dieses Getränk auch mit schwarzem Tee zubereiten.

Iranischer Tee
(für 6 Personen)

1 l Milch
2 gestrichene Eßlöffel schwarzer Tee

Die Milch zum Kochen bringen und kochend über die Teeblätter gießen. Fünf Minuten ziehen lassen und dann servieren. Zucker nach Geschmack.

Schwarzkümmeltee: Das Geheimnis der Pharaonen

Pro Glas Tee 1 Eßlöffel Schwarzkümmelsamen

Die pfeffrig und aromatisch schmeckenden Samen werden mit kochendem Wasser überbrüht und müssen dann etwa zehn Minuten ziehen. Der Duft, der dem Gefäß entsteigt, beschwört Bilder von Nomadenzelten und Wüstenkarawanen herauf.

Kaffee mit dem Duft des Morgenlandes

Wer lieber Kaffee mag oder nach dem Essen Kaffee anbieten möchte, kann beim Aufbrühen nach persönlichem Geschmack eine kleinere oder größere Prise gemahlenen Schwarzkümmel dazugeben. Sollten Sie die Kaffeebohnen frisch mahlen, kann die gewünschte Menge Schwarzkümmelsamen gleich mit in die Mühle gegeben werden.
Im Vorderen Orient wird seit Jahrhunderten Kaffee auch mit einer Prise Kardamom serviert; das gibt eine besonders würzige Note. Dieses Gewürz fördert den Speichelfluß und unterstützt die Verdauung.
Auch den Kaffee trinken die Araber heiß, süß und sehr stark. Traditionell wird das Kaffeepulver mit Wasser und Zucker aufgekocht. Das ist dann das Gebräu, das wir Mokka nennen. Kaffee tauchte erst im 14. Jahrhundert an der Tafel der Kalifen auf. Er kam ursprünglich aus Äthiopien und wird heute hauptsächlich im Jemen angebaut. Für lange Zeit war der Hafen Mokka am Roten Meer der Hauptumschlagplatz für Kaffee.

Der Orient bittet zu Tisch

ARABISCHE TISCHKULTUR

Die Tafel ist in der arabischen Kultur stets der Ort, an dem sich die bei den Orientalen so hochgeschätzte Tugend der Gastfreundschaft nicht nur in der Raffinesse der Speisen, sondern auch in der üppigen Dekoration beweist. Aus der Tradition der Beduinen stammt der Brauch, die Gäste auf Kissen Platz nehmen zu lassen, vor die man kleine, niedrige, mit den verschiedensten Speisen reich gedeckte Tische stellt. Nicht selten werden die Gäste als erstes mit erlesenen Düften besprüht, um sie besonders willkommen zu heißen. Auf jeden Fall reicht man vor und nach den Mahlzeiten Duftwasser zur Reinigung der Hände. Die Tische und manchmal auch die Böden sind meist mit Blütenblättern geschmückt, Kandelaber tauchen die Räume in stimmungsvolles Licht und lassen orientalische Farbtöne wie Rot in allen Schattierungen und Gold geheimnisvoll leuchten. Die Luft riecht nach Ambra, Sandelholz, Weihrauch und Moschus.

Wenn Sie zu einem orientalischen Menü laden, werden Sie Ihre Wohnung sicher auch etwas verzaubern, zumindest aber den Tisch entsprechend schmücken wollen. Nachfolgend einige Anregungen für eine schnelle und wenig aufwendige Verwandlung.

Eine beeindruckende Tischdekoration läßt sich aus Organdy, Seide oder edler ägyptischer Baumwolle in den wunderbaren Farbabstufungen Purpurrot, Dunkelorange, Königsblau und Gold herstellen. Schon ein paar Meter Stoff reichen, um den Tisch in ein orientalisches Märchen zu verwandeln: Sie legen eine große Decke aus Seide über den Tisch, darüber dann eine durchsichtige Organdydecke in einem helleren oder ganz anderen Farbton. Im Kaufhaus finden Sie entsprechende Stoffe. Mischen Sie die Farben ruhig kühn. Wer Zeit und eine Nähmaschine hat, näht Stoffbahnen aneinander, wer keine besitzt, legt sie einfach geschickt übereinander. Aber Vorsicht: Seide neigt zum Rutschen, sie muß also fixiert werden. Changierende Seide und weicher Samt harmonieren bestens. Dazwischen sollte immer wieder Gold aufblitzen. Wertvolle Brokatbordüren und Goldkordeln – auch aus dem Kaufhaus – werden einfach aufgesteppt oder angeheftet. Stöbern Sie nach schönen, leuchtenden Märchenstoffen. Sie werden so manches Schnäppchen machen und nach einer Weile ihren eigenen Stil bei Farben und Stoffen finden.

Auch bei Geschirr, Besteck und Gläsern lohnt sich das Suchen. Da man natürlich nicht bei jeder Einladung seinen gesamten Haushalt erneuern kann, reichen oft schon Einzelstücke aus, um einer festlich geschmückten Tafel eine besondere Note zu geben.

Die eigentliche Tischdekoration könnte aus Rosenblättern, roten Linsen und Schwarzkümmelsamen bestehen. Vielleicht gefällt es Ihnen auch, grüne und gelbe Trockenerbsen oder Blütenpotpourries zu verstreuen oder Reiskornbettchen auf dem Tisch anzurichten. Sie können ein marokkanisches Messingtablett voller Teelichter aufstellen oder den Tisch mit Feigen und exotischen Früchten schmücken. Körbe oder Schalen mit köstlich frischem Obst – Aprikosen, Birnen Datteln (sie waren einst das Hauptnahrungsmittel der Beduinen und Oasenbewohner), Feigen, Orangen oder Quitten – können bestechend schön aussehen. Ganz besonders gut zur Dekoration eignen sich Granatäpfel, die Sie in Reiskörner oder rote Linsen betten. Natürlich sind Ihrer Phantasie hier keine Grenzen gesetzt.

Wollen Sie noch etwas mehr verändern? Seidene Hussen, gesteppte Decken, dicke Kissen aus glänzender Seide und purpurnem Brokat, schöne Stoffe mit intensiven, dunklen orientalischen

Farben setzen auch in Ihrer Wohnung neue Akzente. Stühle, Sofas und Liegen verändern schon ihr Aussehen, wenn Sie einfach Stoff darüber drapieren. Die oben erwähnten Seidenbahnen eignen sich auch als üppige Vorhänge, die Sie einfach über Gardinenstangen oder Raffhalter hängen. Je nach Stimmung oder Anlaß kann man Farben, Stoffarten und Dekoration variieren.
Der Orient liebt Gold und Spiegel. Halten Sie deshalb Ausschau nach dekorativen Schmuckstücken. Die preiswertere Version: Im Bastelgeschäft lösungsmittelfreie Goldfarbe und andere Farben nach Wahl kaufen und alte Spiegel und Bilderrahmen anmalen.
Noch ein Tip: Mit Hilfe von Schablonen und Textilfarbe lassen sich Kanten auf Tischdecken, Servietten, Tischbänder oder Vorhänge zaubern. Goldene Ornamente auf Lampenschirmen wirken ebenso orientalisch wie goldene Bordüren an der Wand.

Hübsch und animierend sieht auch ein erotischer Obstteller aus. Darauf könnten folgende Früchte liegen, die man mit einer Steigerung der Sinnlichkeit verbindet:

Ananas
Aprikosen
Aufgeschnittene Granatapfelhälften
Aufgeschnittene Sternfrüchte
Bergamotten
Datteln
Feigen
Herzkirschen
Kaktusfeigen
Kapstachelbeeren
Kumquats
Passionsfrüchte

Auch sinnliche Gewürze machen sich schön auf so einem Teller oder in einer eigenen Schale. Im Reformhaus erhalten Sie meist die ganzen Gewürzteile, die noch nicht zermahlen sind:

Kardamom
Koriander
Kreuzkümmel
Ingwer
Muskatnuß
Nelken
Piment
Safran
Sternmais
Zimt

Als erotisierende Blumen und Pflanzen eignen sich zum Schmücken der Wohnung und zum Dekorieren des Tisches:

Basilikum
Beifuß
Kapuzinerkresse
Petersilie
Rosen
Rosmarin
Schafgarbe
Sellerie
Verbenen (Eisenkraut)

Bezaubernd sinnlich, aber nicht zum Verzehr geeignet sind:

Hibiskus
Hyazinthen
Jasmin
Orchideen
Passionsblumen
Veilchen

DIE SCHÖNSTEN REZEPTE FÜR 1001 NACHT

Die arabische Küche hat ihren Ursprung vor allem in den Palästen der Kalifen. Kochkunst war hier gleichrangig mit Poesie, Musik und Erzählkunst. Sinnliche Genußfähigkeit galt nicht als ein Laster, sondern als Tugend. Es wurden eine Vielzahl von Kochbüchern und Abhandlungen über die leiblichen Genüsse verfaßt. Sie galten als eine besondere Kunstform der Literatur. In einem bekannten Buch hieß es, daß „der Großteil der irdischen und himmlischen Freuden im Verzehr wohlschmeckender Speisen und Getränke besteht".[33]

Es entstanden Gedichte und Geschichten die auch bei Tisch vorgetragen wurden. In ihnen pries man vor allem die Vielfalt der Speisen und ihre raffinierte Zubereitung mit edlen Ingredienzen. Dazu machte man Musik – so wurden die Mahlzeiten zu einem Fest der Sinne.

Das Brot der Pharaonen

Brot, wie es der ägyptische Pharao Tutenchamun gerne aß, haben jetzt Wissenschaftler der Universität Cambridge nachgebacken. Dazu analysierten sie Brotreste aus den Gräbern der Pharaonen sowie Rückstände aus den Backformen. Das Pharaonenbrot mundete den britischen Wissenschaftlern vorzüglich. Es hatte ein nußartiges Aroma, erwies sich als locker und magenfreundlich. Der Grund: Die alten Ägypter backten ihr Brot mit einer frühen Hartweizensorte, dem Emmer, einem nahen Verwandten des Dinkel. Emmer finden wir heute nur noch auf dem Balkan. Er hat ähnliche Eigenschaften wie Dinkel, der wegen seines hohen Gehalts an B-Vitaminen und Mineralstoffen sehr geschätzt wird. Er gilt als ernährungsphsyiologisch wertvoller als Weizen.

In den nachfolgenden Rezepten wird Dinkel verwendet, den Sie in guter Qualität im Reformhaus oder in Bioläden erhalten. Auch der Anbau von Dinkel geht mehrere Jahrtausende zurück. Bei Ausgrabungen am Südrand des Kaukasus fand man fast siebentausend Jahre alte Dinkelreste.

Anbaugebiete etwa dreitausend Jahre vor Christus waren Palästina, Syrien, Iran und Äthiopien. Dinkel schmeckt nicht nur gut und hat günstige Backeigenschaften, er ist auch für die Gesundheit sehr wertvoll. In ihm sind besonders viele Nervenvitamine enthalten, außerdem reguliert er die Darmflora und hilft bei Durchfall. Man sagt dem Dinkel nach, daß er gute Laune macht und schlechte Stimmung vertreibt – die besten Voraussetzungen für ein erotisches orientalisches Gastmahl.

DINKELBAGUETTE

500 g Dinkelmehl, fein gemahlen
350 g Wasser
30 g Hefe
10 g Salz
25 g Butter

Das Mehl auf die Arbeitsplatte oder in eine Rührschüssel geben, Hefe in lauwarmem Wasser auflösen und mit dem Mehl zu einem Teig verarbeiten. Dann Salz und Butter unterkneten. Das Salz kommt zum Schluß, damit die Gärung nicht zu stark beeinträchtigt wird.

Teig zugedeckt an einem kühlen Ort 90 Minuten gehen lassen, damit er sein Aroma entfalten kann. Anschließend den Teig in zwei Hälften teilen, rund kneten und 10 weitere Minuten ruhen lassen. Danach aus den beiden Kugeln lange dünne Stangen formen. Die beiden Baguettes auf ein gefettetes oder mit Backpapier ausgelegtes Backblech legen und weitere 40 Minuten gehen las-

sen. Mit einer Messerklinge schräge Linien einritzen (etwa drei bis vier). Backofen auf 220 °C vorheizen. Backblech hineinschieben, ein ofenfestes Gefäß mit Wasser dazugeben und bei 180 °C etwa 30 bis 35 Minuten backen.
Dieses Brot ist ebenso wie die beiden folgenden Rezepte der ideale Begleiter für Vorspeisen und orientalische Spezereien.

Dinkelsalzstangen

1 kg Dinkelvollkornmehl, fein gemahlen
40 g Hefe
Etwa 0,7 l lauwarmes Wasser
30 g Butter
25 g Salz
20 g Honig

Mehl in eine Rührschüssel geben, in die Mitte eine Vertiefung drücken und die in etwas lauwarmem Wasser aufgelöste Hefe hineingeben. Butter, Salz und Honig hinzufügen und von der Mitte aus zu einem Teig verkneten. Nach und nach das Wasser zugeben und kräftig kneten. Der Teig soll schön geschmeidig, am Ende eher weich sein und Blasen werfen. Die Kleie braucht die Feuchtigkeit im Teig, um aufzuquellen. Teig nun zugedeckt an einem warmen Ort etwa eine halbe Stunde gehen lassen. Dann wieder kräftig durchkneten, damit alle bei der Gärung entstandenen Luftbläschen herausgearbeitet werden. Eine Teigkugel formen und noch einmal 5 bis 10 Minuten gehen lassen.
Nun den Teig in 30 kleine Stücke (je etwa 60 g) aufteilen. Jedes Stück mit einem Nudelholz oval ausrollen. Das Teigstück an einer Ecke festhalten und mit der anderen Hand aufrollen. Dabei mit dem Handballen ein wenig Druck ausüben. Das erfordert etwas Übung. Mit Wasser bestreichen und mit einer Mischung aus grobem Meersalz und Kümmel oder Gewürzen bestreuen. Auf ein Backblech setzen und noch einmal eine knappe halbe Stunde gehen lassen. Im vorgeheizten Backofen (220 °C) zusammen mit einem Gefäß mit Wasser etwa 20 Minuten backen.

Dinkelfladen mit Knoblauch

500 g Dinkelmehl, fein gemahlen
150 g Grünkernmehl, fein gemahlen
100 g Sojamehl
10 g Fenchelsamen
50 g Hefe
Etwa $^1/_2$ l Wasser
20 g Salz
70 g Knoblauchzehen, gehackt oder gepreßt
50 g Butter

Fenchelsamen im Mörser oder der Messermühle mahlen, unter das Dinkel-, Grünkern- und Sojamehl geben und gründlich vermischen, Hefe im lauwarmen Wasser auflösen und mit den Zutaten zu einem Teig verkneten. Die Butter wird erst zum Schluß untergemengt. Der Teig soll am Ende sehr weich sein. Dann 20 Minuten gehenlassen, noch einmal kräftig durchkneten und wiederum ruhen lassen. Sechs gleiche runde Teile formen, nochmals eine Viertelstunde ruhen lassen. Nun mit der Hand flachdrücken, so daß ein Fladen entsteht. Er soll nicht höher als einen Zentimeter sein. Auf ein gefettetes oder mit Backpapier ausgelegtes Backblech geben, nochmals 40 Minuten ruhen lassen. Mit einer Stricknadel an mehreren Stellen einstechen. Backofen auf 220 °C vorheizen, ein ofenfestes Gefäß mit Wasser dazustellen und bei 170 °C 40 Minuten backen.[34]

Aphrodisiaka für den Kochtopf

Diese Gewürze und Gemüse regen die Sinne an:

- Alraune
- Anis
- Aubergine
- Basilikum
- Brennessel
- Chili
- Datteln
- Feigen
- Fenchel
- Ginseng
- Granatapfel
- Honig
- Ingwer
- Kaffee
- Kardamom
- Knoblauch
- Koriander
- Kresse
- Kürbis
- Liebstöckel
- Meerrettich
- Meerträubel
- Muskatellersalbei
- Muskatnuß
- Nelken
- Petersilie
- Pfeffer
- Piment
- Rosmarin
- Safran
- Sellerie
- Spargel
- Süßholz
- Wermut
- Zimt
- Zwiebeln

Kleine orientalische Spezereien

Im gesamten Orient gelten die Spezereien als das „Sesam, öffne dich!". Diese pikanten Häppchen – auch *mezze* oder *mazza* genannt – reicht man zum Drink oder als Vorspeise. Sie werden in bis zu fünfzig kleinen Schälchen serviert, und manch einer erliegt der Versuchung, sich schon an ihnen satt zu essen. Sie sollen den Gaumen anregen und die Sinne vorbereiten auf das kommende Mahl. Die *mezze* lassen sich allein, zu zweit oder in Gruppen genießen. Auch wenn man zu mehreren ist, essen alle aus den gleichen Schälchen. Insofern fördern diese Spezereien auch die Geselligkeit.

Knoblauchpilze

250 g kleine rosa Champignons
4 Knoblauchzehen, fein gehackt
1 Teelöffel zerstoßene Pimentkörner
1 Teelöffel zerstoßene Koriandersamen
1 Prise Muskatnuß
Salz, frisch gemahlener Pfeffer
2 Eßlöffel Olivenöl
Etwas Butter
Verschiedene Kräuter: Oregano, Majoran, Minze, Basilikum, kleingehackte Petersilie

Pilze mit Knoblauch, Gewürzen, Öl und Butter in einen Topf geben. Bei großer Hitze mit geschlossenem Deckel 10 Minuten garen. Topf ab und zu schütteln. Sobald die Pilze zu karamelisieren beginnen, Deckel abnehmen und knapp 5 Minuten weiter garen, bis die Flüssigkeit fast verkocht ist. Dann abschmecken, in eine Schüssel geben und die Kräuter daruntermischen.

Würzkugeln

225 g Bulgur, der zuvor eine halbe Stunde in kochendem Wasser eingeweicht wurde
225 g Hackfleisch vom Rind, Lamm oder einer Mischung aus beidem
2 Zwiebeln, fein gehackt
2 Knoblauchzehen, fein gehackt
2 Teelöffel Tomatenmark
1 Teelöffel getrocknete Chilischote, fein gehackt
½ Teelöffel in Öl geröstete getrocknete Chilischote
½ Teelöffel Chilipfeffer
½ Teelöffel gemahlener Koriander
½ Teelöffel gemahlener Kreuzkümmel
½ Teelöffel gemahlenes Piment
½ Teelöffel Zimtpulver
¼ Teelöffel gemahlene Nelken
¼ Teelöffel gemahlener Bockshornklee
1 Teelöffel Salz
2 Bund glatte Petersilie

Bulgur ausdrücken, abkühlen lassen, mit dem Hackfleisch in eine Rührschüssel geben. Gründlich verkneten, damit sich alles gut vermischen kann. Dann die Zwiebeln, Knoblauch und Tomatenmark hineingeben, danach alle Gewürze, etwas gehackte Petersilie und das Salz. Fast eine halbe Stunde gut durchkneten. Da die Bällchen roh serviert werden, muß das Fleisch so lange bearbeitet werden. Mischung zu kleinen Bällchen formen, in der Mitte eine kleine Vertiefung eindrücken. Auf einem Petersilienbett mit Zitronenachteln anrichten. In die Vertiefung wird Zitronensaft geträufelt. Mit der Petersilie aufnehmen und in den Mund schieben!

Salbeimäuslein

200 g Mehl
200 ml Bier
4 Eigelb
12 frische Blätter Muskatellersalbei
2 Eiweiß
Zucker
Salz
Olivenöl

Mehl mit Bier verrühren, Eigelb zufügen, Teig zehn Minuten ziehen lassen. Salbeiblättchen waschen und vorsichtig trockentupfen; Eiweiß mit Zucker steif schlagen und mit einer Prise Salz unter den Teig heben. Nun die Blättchen durch den Teig ziehen und in einer Pfanne mit reichlich Olivenöl knusprig ausbacken. Auf Küchenkrepp abtropfen lassen und sofort servieren.

Zucchinischeiben mit Joghurtsauce

3–4 Zucchini
Öl zum Braten
1 Knoblauchzehe (nach Geschmack auch mehr)
2 Teelöffel frisch gestößelte Minze
400 g Joghurt

Zucchini längs aufschneiden, in reichlich heißem Öl von beiden Seiten in der Pfanne schön braun braten. Sie können die Scheiben auch grillen, dazu die Scheiben vorher mit Öl bestreichen, salzen und auf ein Backblech legen. Beim Grillen zwischendurch einmal wenden. Für die Sauce die zerdrückte Knoblauchzehe mit der gestößelten Minze in den Joghurt geben. Kalt über den noch warmen Zucchinischeiben verteilen.

Tatar von Auberginen in Granatapfelsirup

1 große Aubergine
Salz und frisch gemahlener Pfeffer
3 Eßlöffel gutes Olivenöl
2 Eßlöffel Granatapfelsirup (Grenadine aus türkischen, arabischen oder gutsortierten Feinkostläden)
2 Knoblauchzehen, gepreßt
2 Eßlöffel glatte Petersilie, gehackt

Die Aubergine in Scheiben schneiden, mit Salz bestreuen, auf Küchenkrepp legen und eine halbe Stunde entwässern lassen. Abspülen, trokkentupfen, in reichlich Öl wenden und im sehr heißen Ofen rösten. Etwas abkühlen lassen, Haut abziehen, Flüssigkeit ausdrücken und mit einem Wiegemesser in winzigste Stückchen schneiden (Pürieren ist nicht so gut), mit den oben genannten Zutaten vermischen, nach Geschmack noch etwas Zitronensaft zugeben; auf einer Platte anrichten und mit der Petersilie bestreuen.

Zück die Finger und iß

Auch die allererste Abhandlung über Sitten und Manieren bei Tisch stammt aus dem Orient. Während es bei uns noch sehr rustikal zuging, machte man sich dort schon allerlei Gedanken über Tischetikette. Der ägyptische Großwesir Ptahhotep (2500 v. Chr.) war zu seiner Zeit der höchste Verwaltungsbeamte und hielt zum erstenmal schriftlich Regeln auf Papyrus fest. Zu den Fragen, die ihn bewegten, gehörte folgende: Soll man als Gast viel oder wenig essen? Seine Antwort lautete: „Viel! Denn wenn es dein Freund war, der dich zu Tische lud, so wird er sich sehr darüber freuen. War dein Gastgeber dein Feind, so wird er sich ärgern. Auch gut!" Gastfreundschaft wurde von jeher im Orient großgeschrieben. Es galt als heilige Pflicht, den Gast zu ehren – selbst wenn es sich um einen Feind handelte. Drei Tage lang durfte man so die Gastfreundschaft in Anspruch nehmen.
Die Kreuzfahrer brachten die feinen Sitten auch in unsere Breiten. Aus den Regeln des Orients entwickelte sich vor allem in den begüterten Klassen eine eigene Tischkultur. Das schien auch bitter nötig zu sein, denn: „Wir wissen heute, daß sich gerade diese selbständigen, gerichtsfähigen Ritter damals auf ihren Burgen und Hofmarken wie die Sau am Sofa benahmen", hat die Historikerin Anita Homolka in ihrer Doktorarbeit geschrieben. Bei ihren Gelagen warfen sie beispielsweise Knochen und Abfälle einfach unter den Tisch.[35]

Aphrodisierende Vorspeisen

Leichte östliche Brühe

2 l Hühnerbrühe
2 Stangen Zitronengras
1 Bund Koriandergrün
30 g frische Ingwerwurzel, geraspelt
4 rote Chilischoten
1 Handvoll getrocknete Steinpilze
1 geschälte Schalotte
1 Knoblauchzehe (nach Geschmack auch mehr)
Sellerie nach Belieben

Die Brühe zusammen mit allen Zutaten kochen. Abkühlen lassen, absieben und entfetten. Je nach Geschmack können Sie beim Aufwärmen Scheibchen von Pilzen und Sellerie in der Brühe garziehen lassen.

Orangensalat mit Rauke

300 g Rauke
2 Orangen
1 Zwiebel
4 Eßlöffel Orangensaft
4 Eßlöffel Olivenöl
Salz und Pfeffer
3 Eßlöffel geröstete Pinienkerne
2 Eßlöffel Schwarzkümmel
2 Eßlöffel glatte Petersilie,
fein gehackt

Den Salat waschen und trockenschleudern, in mundgerechte Stücke zupfen. Orange sorgfältig schälen, mit einem scharfen spitzen Messer in Filets schneiden (alle Häutchen entfernen) und würfeln, Zwiebel kleinhacken.

Orangensaft, Olivenöl mit Salz und Pfeffer verrühren. Alle Zutaten in einer Schüssel gut miteinander vermischen. Mit den Pinienkernen, dem Schwarzkümmel und der gehackten Petersilie bestreuen. Dazu schmeckt gegrillter Ziegenkäse.

Sellerie-Kokos-Salat

2 Eßlöffel Vollmilchjoghurt
2 Knoblauchzehen, gepreßt
Saft von ½ Zitrone
Salz, Pfeffer
6–8 Stangen Sellerie, geraspelt
4–5 Eßlöffel frisch geriebene Kokosnuß
Sellerieblättchen zum Garnieren
Frische Minzeblätter

Joghurt, Knoblauch und Zitronensaft gut vermischen, mit Salz und frisch gemahlenem Pfeffer abschmecken. Sellerie und Kokosnuß dazugeben und vermischen, ein Weilchen ziehen lassen (aber nicht zu lange, sonst zieht der Sellerie Wasser), mit Sellerieblättchen und frischer Minze dekorieren. Wenn Sie keine frische Kokosnuß bekommen, verwenden Sie fertige Kokosraspel, die Sie zuvor für eine halbe Stunde in Milch einweichen, dann abgießen und gründlich ausdrücken. Das ist allerdings eine nicht so schmackhafte Alternative.

Aphrodisierende Hauptspeisen

Lucustas Assas

Langusten vom Rost mit Datteln, Honig und Wein
(für 6 Personen)

3 Langusten
6 Teelöffel gemahlenes Liebstöckel
6 Teelöffel gemahlener Koriander
1½ Teelöffel gemahlener Kümmel
¾ Teelöffel gemahlener schwarzer Pfeffer
12 (entkernte) Datteln, fein gehackt
6 Eßlöffel trockener Rotwein
6 Eßlöffel trockener Weißwein
3 Teelöffel Honig
6 Eßlöffel aufgekochter Traubensaft
Gut 2 Teelöffel Meersalz
6 Eßlöffel Weinessig
9 Eßlöffel Olivenöl

Die rohen Langusten halbieren, alle Gewürze mit den Datteln in eine Schale geben, Wein, Honig, Traubensaft, Essig und Olivenöl hinzufügen. Alles gründlich vermengen und aufpassen, daß die Dattelstückchen nicht klumpen. Einen Teil dieser Masse auf die Langustenhälften verteilen; diese auf einen Rost legen oder in den Grill schieben und etwa 15 bis 20 Minuten garen, dabei laufend mit dem Rest der Sauce bestreichen, damit die Langusten nicht austrocknen.[36]

Spritziger Seeteufel, mit Petersilie aromatisiert

50 g Butter
800 g frischer Seeteufel ohne Gräten
100 g Crème fraîche
1 Teelöffel Pfefferwürzöl
½ Teelöffel Petersilienwürzöl
1 Teelöffel Estragonwürzöl
Trockener Rieslingsekt oder Champagner

Butter in einer Pfanne zergehen, aber nicht braun werden lassen. Den enthäuteten Fisch von jeder Seite 5 bis 10 Minuten (je nach Größe) darin dünsten, salzen und pfeffern. Herausnehmen, auf eine vorgeheizte Platte legen, zugedeckt beiseite stellen und warm halten. Bei milder Hitze die Crème fraîche in den Bratenfond einrühren. Kurz vor dem Servieren die Würzöle daruntermischen, mit Salz abschmecken, den Sekt dazugeben, vorsichtig umrühren und den Fisch damit überglänzen.

Märchenhaftes Kotelett

500 g mehlig kochende Kartoffeln
1 kleine Zwiebel
Verschiedene Kräuter, jeweils ½ Bund: Petersilie, Dill, Bohnenkraut, Schnittlauch, Minze und Koriander
200 g Lammhack (oder Rinderhack)
2 Eier
Salz, frisch gemahlener Pfeffer
Olivenöl zum Braten

Kartoffeln kochen, schälen und zu Mus zerstampfen. Zwiebel und Kräuter sehr fein hacken. Alle Zutaten vermischen; aus dem Teig handtellergroße flache Frikadellen formen und in heißem Öl bei schwacher bis mittlerer Hitze pro Seite etwa 7 Minuten braten.

Lamm mit Datteln

1 kleine Lammkeule (ca. 1000 g) ohne Knochen
125 g Gemüsezwiebeln
1 Knoblauchzehe
1 kleine Dose geschälte Tomaten
6 Eßlöffel Öl
Salz und frisch gemahlener Pfeffer
½ Eßlöffel Paprikapulver edelsüß
½ Eßlöffel frisch gemahlener Koriander
½ Teelöffel gemahlene Gewürznelken
2 Teelöffel Tomatenmark
125 ml Hühnerbrühe
1 Lorbeerblatt
100 g Datteln
½ Dose Kichererbsen
1 Bund glatte Petersilie

Fett und Sehnen mit einem spitzen Messer vom Lammfleisch entfernen, das Fleisch in nicht zu kleine Würfel schneiden. Die Zwiebeln schälen und würfeln. Knoblauch pellen und durchpressen. Tomaten in einem Sieb abtropfen lassen, Saft auffangen, Tomaten klein würfeln.
Zwiebeln und Knoblauch in zwei Eßlöffeln ÖL in einem großen Topf andünsten. Das gesalzene und gepfefferte Fleisch separat in einer Pfanne in drei Portionen in heißem Öl goldbraun braten. Dann in den Topf geben. Nun bei mittlerer Hitze das Paprikapulver, den Koriander und das Nelkenpulver rasch unterrühren, dann Tomatenmark zugeben, zum Schluß die Tomatenwürfel und den aufgefangenen Tomatensaft.
Mit Brühe auffüllen, Lorbeerblatt dazugeben und im geschlossenen Topf 1½ Stunden köcheln lassen.
Die Datteln häuten und entkernen und in zwei Zentimeter große Stücke schneiden. Kichererbsen in einem Sieb kalt abbrausen und abtropfen lassen, Petersilie grob hacken. 5 Minuten vor dem Ende der Garzeit Datteln und Kichererbsen zum Fleisch geben, dann die Petersilie untermischen. Wer will, kann als Dekoration noch einige Granatapfelkerne darüberstreuen.

Orientalisches Kamillenhähnchen

¾ l Geflügelbrühe
3 Eßlöffel Kamillenblüten
4 Hähnchenbrüste
1 Zimtstange
100 ml Weißwein
1 ml Wermut
Pfefferminze
4 Eigelb
4 Zucchini
30 g Butter
2 Eßlöffel rosa Pfefferkörner
Salz und Pfeffer

Die Brühe erhitzen, und die Kamille zwei Minuten mitkochen lassen. Hähnchenbrüste darin 10 Minuten garen. Warm stellen. ⅛ l der Brühe mit der Zimtstange zur Hälfte einkochen lassen. Wein und Wermut angießen, nochmals reduzieren. Zimtstange herausnehmen. Eigelb mit etwas Kochflüssigkeit im Wasserbad aufschlagen und würzen. Zucchini in Streifen schneiden, kurz andünsten, mit Salz und Pfeffer abschmecken. Hähnchenbrüste auf Gemüse anrichten, mit Sauce übergießen.

Aphrodisierende Beilagen

Grünkernherzchen

Je 20 g Schalotten, Sellerie und Möhren, feingewürfelt
250 g Grünkern
1 l Rinderbrühe
1 Eßlöffel Butter
3 Eier
1 Bund glatte Petersilie, gehackt
Salz und Pfeffer zum Abschmecken
Semmelbrösel und Butter zum Panieren

Schalotten, Sellerie und Möhren in der Butter anschwitzen, den abgespülten Grünkern dazugeben, mit der Brühe ablöschen und unter gelegentlichem Rühren bei schwacher Hitze ausquellen lassen, bis der Grünkern weich ist. Leicht abkühlen lassen, dann zwei verquirlte Eier und die Petersilie untermischen, abschmecken. Die Masse zentimeterdick auf Backpapier ausstreichen und abkühlen lassen. Mit einem Herzausstecher aus der Masse Herzen ausstechen, in verquirltem Ei, dann in Semmelbrösel wälzen. In der Pfanne Butter aufschäumen lassen und die Herzen darin goldbraun backen. Auf Küchenpapier abtropfen lassen.

Couscoussalat

250 g mittelfeiner Couscous
300 ml Wasser
1 rote Paprika
3 mittelgroße Tomaten
10 Frühlingszwiebeln
Saft von 1 Zitrone
5–8 Eßlöffel sehr gutes Olivenöl
Je eine Handvoll gehackte Minze und Petersilie

Couscous in eine Schüssel geben, mit kaltem Wasser übergießen und gründlich durchmischen. ½ Stunde quellen lassen, bis er weich ist. In der Zwischenzeit Paprika würfeln, Tomaten enthäuten, entkernen und würfeln, Frühlingszwiebeln in feine Streifen schneiden. Alles mischen, Zitronensaft (nach Geschmack auch mehr) und Öl dazugeben. Nach ½ Stunde Couscous untermischen. Salat mit Kräutern bestreuen.

„Couscous! Wie kann man ein so schmusiges Wort nur mit Harrrtweizzzengrrrieß übersetzen? Couscous legt sich sanft auf die Zunge, mit einem Unterton von Kreuzkümmelschärfe und, vielleicht, einer Ahnung von zarter Bitternis, ein krümelig milder Diwan für saftiges Fleisch und die scharfen Momente der Zungenlust“, schwärmte die Zeitschrift *Der Feinschmecker* vor kurzem.[37]

Spinat mit Kardamom-Joghurt

Für die Sauce
5 Kardamomkapseln, im Mörser fein zerstößelt
1–2 rote entkernte Chilischoten, sehr fein gehackt
1 Bund Koriandergrün, fein gehackt
300 g Sahnejoghurt
1 Eßlöffel Zitronensaft
½ Teelöffel Zimt
1 Teelöffel Zucker
Salz und Pfeffer

Alle Zutaten vermischen und eine Viertelstunde durchziehen lassen.

Für das Gemüse
500 g Spinat
2 Eßlöffel Olivenöl
100 g Zwiebel, fein gehackt
1 Knoblauchzehe, fein gehackt
100 ml Gemüsefonds

Inzwischen Spinat putzen, waschen und in reichlich Salzwasser blanchieren, abtropfen lassen. Öl erwärmen, Zwiebeln und Knoblauch darin glasig dünsten. Mit dem Fonds ablöschen und gänzlich einkochen. Den Spinat dazugeben und noch 2 Minuten bei mittlerer Hitze dünsten lassen.

Für die Dekoration
1 Granatapfel

Frucht halbieren, die Kerne herauslösen, zum Spinat geben, salzen, pfeffern und mit dem Kardamom-Joghurt zusammen servieren (eignet sich auch als vegetarisches Gericht!)

Aphrodisierende Desserts

Zu den besonderen Reizen der orientalischen Küche gehören die Süßspeisen, die im ganzen Orient beliebt sind. Sie bilden den opulenten Höhepunkt einer Mahlzeit und genießen Weltruhm. Die häufigsten Zutaten sind Blätter- oder Strudelteig, Milchreis mit Rosinen, Mandeln, Nüsse, Pistazien, Orangenblütenessenz, Honig, Mandel- und Rosensirup. Die Speisen tragen phantasievolle Namen wie „Wonne des Schlundes“, „Noahs Dessert“, „Fruchtkompott für einen Sultan“ oder „Eine Freude für den Ehemann“. Die Süßspeisen werden meist auf einem Extratisch serviert.

Thymianfeigen

250 g getrocknete Feigen
Rotwein
1½ Eßlöffel Honig
3 Zweige frischer Thymian

Feigen mit dem Rotwein in den Topf geben, so daß sie bedeckt sind. Honig und Thymian hinzufügen. Bei schwacher Hitze 1 Stunde köcheln lassen. Früchte aus dem Sud nehmen und in zwei Schälchen füllen. Thymian entfernen. Sud bei mittlerer Temperatur einköcheln lassen, bis er sirupähnlich ist. Feigen damit übergießen und servieren. Dazu paßt Sahne oder Eis.

Traumhafter Rosenorangenschaum

8 Blatt weiße Gelatine
3 Eiweiß (am besten von Bioeiern)
250 g Zucker
¼ l Schlagsahne
75 ml Orangensaft
2 Eßlöffel Zitronensaft
1 Teelöffel Rosenwasser
3 Eigelb
Abgeriebene Schale von je 1 unbehandelten Orange und Zitrone
6 Eiweiß
50 g Zucker
Eine Prise Salz

Gelatine in kaltem Wasser einweichen. Das Eiweiß mit dem Zucker sehr steif schlagen, kalt stellen. Schlagsahne halbsteif schlagen, kalt stellen. In einem Topf Orangen- und Zitronensaft aufkochen, dann das Rosenwasser (aus der Apotheke) dazugeben. In der heißen Flüssigkeit die ausgedrückte Gelatine auflösen. Die Eigelb mit dem warmen Gelatine-Saft-Gemisch 3 Minuten aufschlagen. Die Schalen dazugeben. Dann das Eiweiß und den Zucker zu Schnee schlagen; den kaltgestellten Eischnee möglichst schnell unter die Eigelbmasse mischen; dann die geschlagene Sahne und den neu geschlagenen Eischnee unterheben. Eine normal große Springform mit kaltem Wasser ausspülen, den Rand mit Backpapier auslegen. Die Masse hineinfüllen und 6 bis 8 Stunden kalt stellen.

Das Dessert im vorgeheizten Backofen auf der obersten Einschubleiste ½ bis ¾ Stunde hellbraun grillen. Vorsichtig den Rand der Springform lösen. Wie eine Torte in Stücke schneiden und mit marinierten Orangenspalten servieren.

Safran-Reispudding

Diese beliebte Süßspeise stammt aus dem nordtürkischen Safranbolu, das 1994 von der Unesco zum Kulturerbe der Menschheit erklärt wurde:
(für 4 Personen)

100 g Rundkornreis
4 Eßlöffel Sultaninen
½ Teelöffel Safranfäden
150 g Zucker
2 Eßlöffel Speisestärke
3 Eßlöffel Rosenwasser
4 Eßlöffel Pinienkerne
Kerne von einem Granatapfel

Reis in einem Sieb kalt abspülen, mit Wasser bedeckt 2 Stunden einweichen. Sultaninen einweichen. Safran im Mörser mit zwei Eßlöffeln heißem Wasser beträufeln, beiseite stellen. Den Reis mit einem Liter Wasser 20 Minuten bei schwacher Hitze kochen, Zucker unterrühren. Safran im Mörser fein zerreiben und unter den Reis rühren.

10 Minuten köcheln lassen, öfter umrühren. Speisestärke mit Rosenwasser vermischen und unter die Süßspeise heben; nochmals aufkochen, sie soll aber recht weich bleiben. Die Masse in Portionsschälchen füllen und abkühlen lassen. Die gut abgetropften Rosinen in kleine Streifen schneiden. Pinienkerne in einer Pfanne ohne Fett leicht anbräunen. Den Pudding mit Rosinenstreifen, Pinien- und Granatapfelkernen bestreuen.

Hamam-Taschen

Altjüdisches Backwerk mit Pflaumen, Rosinen, Nüssen und Honig.

(für 6 Personen)

2 Eier
½ Tasse Zucker
½ Tasse Öl
1 Teelöffel Vanille
Saft und Schale von ½ Orange
2 ¾ Tassen Mehl oder Vollkornmehl
2 Teelöffel Backpulver
¼ Teelöffel Salz

Für die Füllung nimmt man je nach Geschmack entweder eine Mischung aus Marmelade und gehackten Nüssen oder aus gekochten Backpflaumen, Honig, gehackten Nüssen und Rosinen.
Eier und Zucker miteinander verquirlen. Öl, Vanille, Saft und geraspelte Schale der Orange hinzugeben. Gesiebtes Mehl mit Backpulver und Salz vermischen und zum Eierschaum geben. Beides zu einem Teig verarbeiten. Eine Teigplatte ausrollen und mit einem bemehlten Glas zwölf große runde Stücke ausstechen. In die Mitte je einen Löffel mit der Füllung geben. Jedes Teigstück triangelförmig auf drei Seiten zur Mitte hin einschlagen, die Ecken zusammendrücken. Oberfläche mit verquirltem Eigelb bepinseln. Auf Backpapier bei 180 °C 20 Minuten backen.[38]

Mein persönliches orientalisches Verwöhnmenü

Koriander-Leberterrine

400 g Hühnerleber
50 g Zwiebeln
1 Knoblauchzehe
25 g Rosinen
15 g Walnüsse
1½ Teelöffel frisch gestößelter Koriander
1 Bund Koriandergrün
200 g zimmerwarme Butter
Pfeffer
1–2 Eßlöffel Balsamico
Salz, Pfeffer
1 Bund glatte Petersilie

Die Terrinenform mit einem aufgeschnittenen Gefrierbeutel oder einer Folie glatt auslegen und kalt stellen. Die Hühnerleber putzen, waschen und trockentupfen. Zwiebeln und Knoblauch, Rosinen und Walnüsse sowie das Koriandergrün fein hacken.
50 g Butter in einer Pfanne erhitzen und die Leber darin von allen Seiten kurz anbraten (etwa 3 Minuten). Stetig wenden; pfeffern, salzen, aus der Pfanne nehmen und abkühlen lassen. Im Bratfett Zwiebeln, Knoblauch, Rosinen, Walnüsse und Koriander andünsten, mit Essig ablöschen und einköcheln lassen. Masse über die Leber geben.
Restliche Butter mit dem Handrührgerät cremig

schlagen. Die gebratene Leber mit dem Schneidstab fein pürieren, dann mit der Butter und dem gehackten Koriandergrün gut verrühren, kräftig mit Salz und Pfeffer abschmecken. Alles in eine Pastetenform (350 ml) füllen; Form auf der Arbeitsfläche mehrmals kurz aufschlagen, damit die Masse keine Luftblasen bildet. Masse mit den Ecken des Gefrierbeutels abdecken und mindestens 24 Stunden kalt stellen.
Vor dem Servieren Terrine mit einem Messer vom Rand lösen und stürzen, Folie ablösen und die Terrine in feine Scheiben schneiden. Mit Petersilienblättern garnieren, Granatapfelkerne daraufstreuen. Dazu passen scharf angebratene Champignons.

Paprikasuppe mit Ziegenkäsenockerln

6 rote Paprikaschoten
200 g Schalotten
2 Knoblauchzehen
2 Eßlöffel Olivenöl
2 Eßlöffel Tomatenmark
2 Eßlöffel Paprikapulver (edelsüß oder scharf, je nach Geschmack)
2 l Geflügelfond
175 g Ziegenfrischkäse
30 g weiche Butter
40 g Speisestärke
3 Eigelb
½ Bund Schnittlauch in Röllchen
½ Bund Petersilie
6 Stiele Dill
2 Eßlöffel Zitronensaft (nach Geschmack auch mehr)
Salz, Cayennepfeffer

Paprikaschoten putzen, vierteln, mit der Hautseite nach oben auf ein Backblech legen und unter dem Grill rösten, bis die Haut schwarz wird und Blasen wirft. Anschließend herausnehmen und mit einem feuchten Geschirrtuch 10 Minuten abschrecken. Haut abziehen und die Schoten grob hacken; dann die Paprika in der Küchenmaschine fein pürieren.
Schalotten schälen und würfeln. Knoblauch pellen und pressen, Schalotten und die Hälfte vom Knoblauch in Olivenöl andünsten; Paprikapüree kurz mit andünsten, Tomatenmark und Paprikapulver schnell unterrühren. Mit dem Gefügelfond aufgießen und 20 Minuten leise köcheln lassen.
Den Ziegenkäse durch ein feines Sieb streichen. Die warme Butter in einem schmalen Rührbecher schaumig schlagen, bis sie weiß ist. Zuerst die Speisestärke, dann den Ziegenkäse und anschließend das Eigelb mit Schnittlauch und restlichem Knoblauch unterrühren, mit Salz abschmecken.
Die Suppe vom Herd nehmen. Die Petersilie und den Dill hinzugeben und noch 20 Minten darin ziehen lassen; dann durch ein feines Sieb gießen, gut ausdrücken.
Inzwischen einen großen Topf mit Salzwasser zum Kochen bringen. Von der Ziegenkäsemasse mit zwei Teelöffeln, die vorher in kaltes Wasser getaucht wurden, Nockerln abstechen und in das kochende Salzwasser geben. 3 bis 4 Minuten bei milder Hitze ziehen lassen, dann vom Herd nehmen und noch 5 Minuten im Wasser ruhen lassen. Anschließend gut abtropfen lassen. Suppe noch mal erhitzen, mit Salz, Cayennepfeffer und Zitronensaft würzen, mit den Nockerln und etwas Dill servieren.

Lammwürstchen mit Curry-Ingwer-Bohnen

400 g mageres Rindfleisch
400 g Lammfleisch (von der Schulter)
100 g Rinderfett
2 Knoblauchzehen
2 gestrichene Teelöffel Salz
½ Teelöffel Zimtpulver
½ Teelöffel frisch gemahlener Kreuzkümmel
½ Teelöffel gemahlenes Piment
2 Eßlöffel scharfes Paprikapulver
1 Eßlöffel getrocknete, zerriebene Minze
6 Eßlöffel Wein
4 Eßlöffel Öl

Lammfleisch von Fett und Sehnen befreien, falls nötig; Rind- und Lammfleisch sowie Rinderfett (es funktioniert auch ohne Fett) sehr klein würfeln und in der Messermühle zerkleinern. Besser geht es noch, wenn Sie den Fleischwolf nehmen! Knoblauch schälen und pressen. Salz, Minze und Gewürze gut vermischen und unter das Fleisch kneten. Noch mal mit der Messermühle mixen. Alles mit dem Wein verarbeiten. Auf einer geölten Arbeitsfläche die Masse in vier gleich große Kugeln formen. Jede Kugel mit geölten Händen zu Rollen formen (etwa 60 cm). Die Rollen in 10 cm lange Würstchen schneiden. Nachformen und 5 bis 6 Stunden zugedeckt an einen kühlen Ort stellen. Öl in einer Pfanne erhitzen und die Würste portionsweise 6–7 Minuten braten. Mit den Bohnen servieren.

Curry-Ingwer-Bohnen

400 g grüne Bohnen
20 g frische Ingwerwurzel
1 rote Chilischote
200 g Gemüsezwiebeln
3 Frühlingszwiebeln
150 g Sahnejoghurt
1½ Eßlöffel Mehl
1 Eßlöffel Butter
1 Eßlöffel Öl
1½ Eßlöffel Curry
250 ml Gemüsefond (Glas/Reformhaus)
Frischer weißer Pfeffer
1 Bund Koriandergrün

Bohnen putzen und in sprudelndem Salzwasser 5 bis 8 Minuten blanchieren (Bißprobe machen). Abschrecken, abtropfen lassen. Ingwer schälen und würfeln. Chilischote aufschneiden, entkernen und sehr fein hacken. Gemüsezwiebeln fein würfeln, Frühlingszwiebeln putzen und in Ringe schneiden.

Joghurt mit Mehl glattrühren. Butter und Öl in einem flachen Topf erhitzen. Ingwer, Chili und Zwiebeln unter Rühren darin andünsten, mit Curry bestäuben und etwas anschwitzen. Fond dazugeben, glattrühren und 3 Minuten bei milder Hitze kochen. Joghurt und Bohnen unterrühren. Salzen, pfeffern. Abgezupftes Koriandergrün mit den Frühlingszwiebeln dazugeben und weitere 2 bis 3 Minuten ziehen lassen.

Sündige Hibiskusmousse

4 Blatt Gelatine, eingeweicht
120 g Zucker
200 ml starker Hibiskusblütentee (Karkade-Tee von SALUS aus dem Reformhaus)
50 ml flüssige Sahne
150 ml geschlagene Sahne
3 Apfelsinen
8 Datteln
2 Eßlöffel Honig
2 Eßlöffel Apfelsinensaft
Je 2 Eßlöffel Pinien- und grobgehackte Pistazienkerne

Die ausgedrückte Gelatine in wenig Wasser, den Zucker im Hibiskustee auflösen, die flüssige Sahne dazugeben, die Gelatine unterrühren. Masse kalt werden lassen, dann die geschlagene Sahne unterrühren. Die Masse in eine Schale füllen und fest werden lassen.
Apfelsinen schälen, enthäuten und Fruchtfilets auslösen. Datteln in Streifen schneiden, Honig und Saft mischen, mit den Kernen auf Teller verteilen. Von der Mousse mit einem Löffel, der in heißes Wasser getaucht wurde, Nocken abstechen und auf den Früchten anrichten. Pinien- und Pistazienkerne darüberstreuen und servieren.[39]

Für den Morgen danach

Wildrosenblütengelee

Dieses exotische, orientalisch angehauchte Gelee gibt es zu kaufen. Das Wildrosenblütengelee von „Freche Früchtchen“ wird in sorgfältiger Handarbeit hergestellt. Der Fruchtaufstrich besteht aus Wildrosenblüten und Zitrone und kommt ohne künstliche Aromen aus. Es hat einen aparten Wildrosengeschmack und ist weder zu süß noch zu sauer. Das 230-Gramm-Glas kostet 5,50 Mark plus Versand (siehe Seite 153).

Granatapfelgelee

1 l Granatapfelsaft
(Granatäpfel halbieren und mit der Zitronenpresse ausdrücken. Kerne in Sieb geben und noch einmal kräftig auspressen, 1 l abmessen)
1000 g Zucker
50 g Pinienkerne
50 g Mandeln
50 g Rosinen
3 Eßlöffel Rosenwasser
Pfeffer

Saft und Zucker in einen Topf geben, etwa 20 Minuten kochen lassen, bis der Saft eingedickt ist und den Rücken des Rührlöffels überzieht. Den aufsteigenden Schaum immer wieder abschöpfen. In der Zwischenzeit Pinienkerne, Mandeln sowie Rosinen grob hacken und einige Minuten im Rosenwasser ziehen lassen. In den Topf geben und mit ein wenig frischem Pfeffer würzen; noch etwa 2 Minuten köcheln lassen.
Gelee in flache Schalen füllen, damit Nüsse und Rosinen gut verteilt bleiben. Abkühlen lassen.[40]

Liebeskissen aus 1001 Nacht

Kleopatra verwandelte ihre Gemächer in ein Duftparadies, wenn sie einen ihrer Geliebten erwartete. Sie liebte Rosen- und Jasminblüten und ließ sie zentimeterdick auf Böden und Betten verstreuen. Das kann sich von uns wohl niemand leisten, doch mit einigen Tricks können auch Sie Ihr Schlafzimmer zumindest für die Nase in ein Blütenmeer verwandeln. Geben Sie eine Mischung aus Rosenwasser, Lavendel-, Nelken- und Zimtöl sowie etwas Sandelholz oder eine andere Mischung ins letzte Spülwasser, wenn Sie Ihre Bett- und Tischwäsche waschen, oder besprühen Sie sie mit Hilfe eines Zerstäubers einfach damit. Kein Öl solo verwenden – das gibt Flecken. Bettwäsche aus Seide oder Damast fördert die Erotik.
Sie können sich zusätzlich Kissen zulegen, die die Sinne noch mehr anregen: Liebeskissen! Sie brauchen einen Stoff, der nicht zu fest ist, denn sonst dringen die schönen Düfte nicht durch ihn hindurch. Dann nehmen Sie getrocknete Kräuter und Blüten sowie Ihre ätherischen Lieblingsöle. Nähen Sie aus dem Stoff kleine Kissen, und füllen Sie sie mit der Blütenduftmischung. Sie können auch Wattebällchen hineingeben, die mit dem Duftöl getränkt sind, das Sie bevorzugen. Besonders betörend sind Kissen, in die Sie getrocknete Rosenblüten füllen oder Wattebällchen, die mit Rosenöl parfümiert sind. Dazu passen noch Pfefferminzblätter, zerstoßene Gewürznelken, Rosmarin, Patschuli, Moschus und Sandelholz. Zum Drauflegen eignet sich das Kissen natürlich nicht so gut, jedoch sollte es nicht zu weit von der Nase entfernt sein, damit es seine Wirkung entfalten kann.
Gegen schlechten Schlaf hilft ein Schlummerkissen. Hierfür eignen sich als Füllung: Pfefferminze, Melisse, Kamille, Heublumen, Baldrian, Lavendel oder Hopfen. Die Blüten von Lavendel, Melisse und Hopfen sorgen für einen traumhaften Schlaf, wenn sie als Kräuterkissen mit ins Bett genommen werden. Um den Duft die ganze Nacht einzuatmen, legen Sie das kleine Kissen ganz dicht neben Ihren Kopf. Durch die Körperwärme beginnt es, sein Aroma zu entfalten. Wer es lieber bequemer hat, kann sich solche Duftkissen auch kaufen – zum Beispiel in der Apotheke, in Markendrogerien oder im Versandhandel. Da erhält man Liebes-, Lavendelschlaf-, Konzentrations- und Beruhigungskissen mit Melisse und Hopfen, Schlummerkissen mit Hopfendoldenfüllung, Rosmarinkissen zum Anregen, Eukalyptuskissen gegen Erkältungen, Dinkelkissen gegen Verspannungen und Traumkissen mit Klatschmohn, Rosen- und Orangenblüten, Flieder und Vanille.
Damit Sie möglichst lange etwas von Ihrem Traumkissen haben, sollten Sie ihm ab und an einen Knuff versetzen. Zum Aufbewahren stecken Sie sie in Plastikbeutel – so halten die Kissen ihren Dufte bis zu einem halben Jahr. Von Allergien ist nichts bekannt, tritt jedoch eine Empfindlichkeit auf, dann – so glaubt man – entsteht sie eher durch den Staub beim Aufschütteln.

Orientalisches Wäschesäckchen

Eine alte Tradition unserer Großmütter kommt wieder zu Ehren: Aromasäcken für den Wäscheschrank. Am meisten verbreitet waren Lavendelsäckchen, die die Motten fernhalten sollten. Aber sie geben ihren angenehmen Duft auch an die Wäsche ab, wenn sie zwischen ihr im Schrank liegen. So können Sie beispielsweise auch Ihre Dessous oder Nachtwäsche „aromatisieren“. Sie brauchen dafür ein kleines Beutelchen oder ein Taschentuch, das Sie nach dem Füllen zusammenknoten. Hinein paßt folgende orientalische Mischung: Rosenblüten, Rosenöl, getrocknete Orangenschale, Kalmuswurzel, Zimt- und Nelkenöl. Sehr schön duften auch Moschus, Patschuli und Sandelholz.

Damit der Liebesrausch keine Folgen hat

Einiges ist auch über orientalische Verhütungsmittel überliefert. So steht im *Papyrus Ebers*: „Damit eine Frau ein, zwei oder drei Jahre nicht schwanger wird: feinzerriebene Dornakazienblätter, Koloquinten und Datteln mit ein bißchen Honig mischen. Zusammen mit Baumwollfäden wird das dann in ihre Genitalien getan.“[41]

Auch Krokodildung wurde mit dem Schleim von Kräutern und Pflanzen zu Tampons verarbeitet. Aus Kleopatras Zeiten ist bekannt, daß Frauen Zedernöl vor dem Muttermund verteilten. Es wird auch berichtet von Scheidenzäpfchen aus Kiefernrinde und Wein. Der Granatapfel ist das interessanteste der alten orientalischen Verhütungsmittel. Dieser Apfel enthält große Mengen pflanzlichen Östrogens, das mit dem weiblichen Sexualhormon chemisch sehr nahe verwandt sein soll, so daß man davon ausgehen kann, daß es im Körper der Frau auch eine vergleichbare Wirkung hat. Bei entsprechender Erfahrung und richtiger Anwendung der wertvollen Frucht konnten die Frauen wohl tatsächlich damit ihren Kindersegen steuern. Die Zubereitung war relativ einfach: Die Granatapfelkerne wurden zerstoßen, in Wachs gerollt und als Scheidenzäpfchen verwendet. Auch wenn man nicht genau weiß, wie, so müssen die Rezepte doch ziemlich gut gewirkt haben. Und zwar nicht nur dadurch, daß sie eine Barriere für den männlichen Samen darstellten, sondern auch durch den Einfluß der Pflanzen auf das Scheidenmilieu. Bei den Akazienblättern wurde beispielsweise später nachgewiesen, daß bei Gärung Milchsäure entsteht, die die Samen chemisch lähmt, so daß sie keine reife Eizelle befruchten können.

Eine Abhandlung über die für die Liebe günstigen Wirkungen des Verschluckens von Eiern

Wisse, mein Wesir – Gott sei dir barmherzig! –, dies Kapitel enthält die nützlichsten Anweisungen zur Stärkung der Liebeskraft, und sowohl der Greis als auch der fertige Mann und Jüngling mögen daraus Nutzen ziehen. Hierüber äußert sich der Scheich, der seine Ratschläge den Geschöpfen des hohen Gottes bringt, er, der Weiseste, der Gelehrteste unter seinen Zeitgenossen; vernimm also seine Worte:

Wer täglich nüchtern Eigelb ohne das Weiß ißt, wird in dieser Nahrung ein starkes Anregungsmittel finden. Nicht minder der, der drei Tage lang Eigelb mit gehackten Zwiebeln essen wird.

Wer Spargel kochen, dann in Fett braten und dann das Gelb von Eiern mit zerstoßenen Gewürzen dazugeben und jeden Tag von diesem Gericht essen wird, empfängt starke Liebeskraft und ein Reizmittel seiner Gelüste.

Wer Zwiebeln schält, sie in einen Topf mit Gewürzen bringt, dann diese Mischung mit Öl und Eigelb brät und diese Nahrung mehrere Tage nimmt, wird eine Liebeskraft erwerben, die jede Vorstellung und Schätzung übertreffen wird.

Kamelmilch mit Honig, wenn man davon trinkt, entwickelt eine Kraft, über die man sich keine Rechenschaft ablegen kann, und die bewirkt, daß die Manneskraft weder am Tag noch in der Nacht erlischt.

Wer einige Tage lang sich von gekochten Eiern, denen Myrrhe, Zimt und Pfeffer beigesetzt ist, ernährt, wird eine gewaltige Stärkung seines Liebesverlangens erleben.

Sein Glied wird eine so strotzende Anschwellung annehmen, daß es scheinen wird, als wolle es nicht mehr zur Ruhe kommen. [...]

Noch andere Getränke sind zu erwähnen, deren Gebrauch vortrefflich ist.

Man mische ein Maß ausgepreßten Zwiebelsaft mit zwei Maß seines Schaumes entledigten Honigs. Man erhitze das alles auf gelindem Feuer, bis der Zwiebelsaft eingekocht ist und der Honig allein übrigbleibt. Den Rückstand nimmt man vom Feuer, läßt ihn erkalten und hebt ihn auf, um sich seiner im gegebenen Augenblick zu bedienen. Dann mische man eine Aoukia davon mit drei Aouk Wasser, weiche Kichererbsen einen Tag und eine Nacht ein und tue sie hinzu. Dieses Getränk nimmt man, wenn man zu Bett geht. Es darf nur in geringer Menge und nur einmal am Tag genommen werden. [...] Nimmt man es mehrere Tage hintereinander, so bleibt das Glied ununterbrochen aufgerichtet und steif, und die Aufrichtung läßt nicht nach. Wer ein hitziges Temperament hat, darf das Getränk nicht zu sich nehmen, da es den Nachteil hätte, Fieber zu erzeugen. Man darf es auch nicht drei Tage hintereinander nehmen, es sei denn, man sei alt oder von kühlem Temperament. Endlich darf man es auch nicht im Sommer nehmen."[42]

Das schöne Halwa-Mädchen

Es war einmal ein armer Kammacher. Dieser sagte eines Tages zu seiner Frau: „Liebes Weib, gib mir einige Paras, damit ich die während eines Monats verfertigten Kämme ins Kaffeehaus trage, vielleicht gelingt es mir, fünf bis zehn Stücke davon zu verkaufen, so daß ich etwas Geld nach Hause bringe." Die Frau gab ihm einige Paras und schickte ihn damit ins Kaffeehaus.
Der Kammacher setzte sich im Kaffeehaus nieder, trank seinen Kaffee, und während er so vor sich hingrübelte und über mancherlei nachdachte, sah er, wie achtzehn Kaufleute ins Kaffeehaus kamen und sich nach einem Kammacher erkundigten. Er erhob sich und zeigte seine Kämme den Kaufleuten, welche, da sie ihnen gefielen, noch tausend Stück bestellten. Der Mann ging hocherfreut nach Hause, verfertigte im Lauf von ein, zwei Monaten die tausend Kämme und brachte sie den Kaufleuten. Diese nahmen sie und zahlten ihm dafür den geforderten Betrag; sie gaben ihm sogar noch Backschisch.
Der Kammacher wurde nun infolge dieses Geschäfts reich und wollte mit seiner Frau nach Hedschaz zum Grab des Propheten pilgern. „Gehen wir", sagte die Frau, „aber unsere Tochter können wir nicht mitnehmen." – „Die werden wir beim Hodscha lassen", sagte der Kammacher, „er ist ihr ja auch sonst gut gesinnt." Darauf bereiteten sie sich auf die Reise vor, ließen ihre Tochter beim Hodscha und nahmen nur ihren kleinen Sohn mit.
Während nun diese sich auf dem Weg nach Mekka befanden und das Mädchen im Haus des Hodscha war, geschah es, daß dieser ein Auge auf das schöne Mädchen warf. Er zerbrach sich den Kopf, auf welche Weise er sich ihr nähern könnte. „Ich habe es", sagte er, ging ins Bad und ließ die Badefrau rufen. Er drückte ihr ein Paar Goldstücke in die Hand und gab ihr den Auftrag, sie möge dem in seinem Hause wohnenden Mädchen zureden und es veranlassen, sich ins Bad zu begeben. Die Badefrau ging auf diesen Handel ein, begab sich eines Tages ins Haus des Hodscha und sprach zu dem Mädchen: „Warum gehst du nicht einmal ins Bad?" – „Ich habe niemanden, mit dem ich gehen könnte", sagte das Mädchen. „Komm mit mir, ich werde dich waschen lassen." Nach diesen Worten führte sie das Mädchen ins Bad. Dort entkleidete sie es, geleitete es ins Schwitzbad und ließ gleichzeitig den Hodscha rufen. Als das Mädchen später zu seinem großen Schrecken den Hodscha erblickte, fing es an, die Sache zu begreifen, und damit er seine Verlegenheit nicht erriet, empfing es den Hodscha mit folgenden Worten: „Gut, daß du gekommen bist, bade dich nur, ich werde dir beim Einseifen behilflich sein." Das kam dem Hodscha gerade recht. Sofort bereitete er sich zum Bade vor, ließ sich vom Mädchen gut einreiben, worauf das Mädchen ihn, nachdem der Seifenschaum aufgetragen war, derart einseifte, daß sein Kopf vor Schaum nicht mehr zu sehen war. Darauf zog das Mädchen seine schweren Holzschuhe aus, wickelte sie in ein Hand-

tuch und prügelte damit auf den eingeseiften Hodscha so unbarmherzig ein, daß er sich kaum mehr vom Platz rühren konnte. Dann flüchtete das Mädchen eiligst nach Hause. [...] Es dauerte fünf bis zehn Tage, bis er sich von den erhaltenen Schlägen erholt hatte. Dann schrieb er einen Brief an die Eltern des Mädchens, worin er ihnen mitteilte, daß ihre Tochter ihm fortgelaufen sei und sich einem unsittlichen Lebenswandel verschrieben habe. Als die Eltern diesen Brief lasen, entbrannten sie in Zorn und schickten ihren Sohn mit dem Auftrag nach Hause, das ehrlose Mädchen auf einen Berg zu führen, es dort zu töten, sein Hemd in Blut zu tränken und dieses den Eltern zu bringen. Der Jüngling [...] wollte jedoch, von Mitleid erfaßt, seine Schwester nicht töten, und sagte ihr, sie möge fortgehen. Dann schnitt er sich in den Fuß, tauchte ihr Hemd in das Blut und kehrte damit zu seinen Eltern zurück. [...]
Als das Mädchen seine Wanderung antrat, ging es [...] über die Berge, Ebenen und Täler, bis es endlich zu einer Quelle kam. Während sich das Mädchen dort ausruhte, zog der Padischah jener Gegend mit seinem Wesir auf die Jagd. Als das Mädchen die zwei Männer erblickte, kletterte es vor Furcht auf einen Baum [...]
Inzwischen erreichte der Padischah mit dem Wesir den Platz an der Quelle und sprach zu ihm: „Wesir, ich werde hier ein Abdest vornehmen und mein Gebet verrichten." Und als er nach dem Abdest zu beten begann, erhob er sein Haupt und bemerkte auf dem Baum ein Mädchen so schön wie die Sonne. Nachdem er das Gebet gesprochen hatte, sagte er zum Wesir: „Wesir, ich habe mein Wild schon gefunden." Damit wendete er sich zum Mädchen und fragte es: „Bist du ein In oder ein Dschin?" Das Mädchen antwortete: „Ich bin weder ein In noch ein Dschin, sondern eine ebensolche Staubgeborene wie du!" Der Padischah bat sie, vom Baum herunterzusteigen, was sie auch tat, worauf beide zusammen ins Serai gingen und sich dann nach drei Tage und drei Nächte dauernden Hochzeitsfeierlichkeiten vermählten.
Eines Tages erzählte das Mädchen dem Padischah, wessen Eltern Kind sie sei, woher sie käme und was mit ihr geschehen war; und erwähnte gleichzeitig auch, wie sehr sie sich sehne, Eltern und Bruder wiederzusehen. Der Padischah wollte ihren Wunsch erfüllen und ließ die Vorbereitungen zur Reise treffen; seine Frau jedoch überließ er dem Wesir. [...]
Wir müssen noch erwähnen, daß die Sultana zwei Kinder besaß, einen Sohn und eine Tochter; auch diese wurden auf die Reise mitgenommen, und eines Tages trat der Wesir in Begleitung vieler Soldaten die Reise an. Sie gingen über Berge, Täler und Ebenen und kamen nach langem Wandern zum Fuß eines Berges. Dort ruhten sie aus und schlugen ihre Zelte auf, um zu übernachten. Gegen Mitternacht ging der Wesir zum Zelt der Sultana und sprach zu ihr: „Du gehörst nicht nur dem Padischah, sondern auch mir, denn wir haben dich beide gefunden." Die Frau war über diese Worte empört und wies die abscheuliche Absicht des Wesirs zurück. „Entweder du erhörst mich, oder ich töte deine Kinder!" schrie der Wesir. Da die Frau sich

ihm widersetzte, schlachtete er die Kinder ab. „Entweder du erhörst mich, oder ich werde dich töten", rief der Wesir aus. Die Frau antwortete darauf folgendes: „Bevor du mich tötest, erlaube mir, mich zurückzuziehen und nach dem Abdest zu beten." Der Wesir ging darauf ein, band ihr aber, damit sie nicht entfliehen konnte, einen Strick um die Hüfte und ließ sie so zum Abdest. Die Frau entfernte sich, band aber, als sie allein war, den Strick um einen Stein und entfloh.
Inzwischen wartete der Wesir ungeduldig auf die Frau, und als er, des langen Wartens müde, sich aufmachte, um sie zu suchen, sah er, daß der Strick um einen Stein gebunden und von der Frau nichts zu sehen war. Er weckte die Soldaten und sagte ihnen, daß die Sultana, während sie schliefen, ihre Kinder getötet habe und dann geflohen sei. Sie brachen darauf ihre Zelte ab und kehrten in ihre Heimat zurück.
Als die Frau sich nach ihrer Flucht ihrer Heimat näherte, begegnete sie unterwegs einem Hirten, den sie folgendermaßen ansprach: „Nimm, o Hirt, diese meine Kleider, und gib mir dafür ein wie immer abgetragenes Männergewand." Der Hirt, der gleich bemerkte, daß die Kleider der Frau wertvoll waren, nahm sofort die Kleider, gab ihr dafür allerlei alte Männerkleidungsstücke und ging fort. Die Frau verkleidete sich daraufhin als Mann und ließ sich in einen Halwa-Laden als Lehrjunge einstellen. Bald verbreitete sich die Kunde, daß beim Halwa-Verfertiger ein schöner Halwa-Lehrbursche sei, der in der Bereitung von Halwa eine bewundernswerte Geschicklichkeit aufweise.
Der Vater der Frau hatte unterdessen sein Handwerk aufgegeben und ein Kaffeehaus errichtet. Er kam eines Tages auch in das Geschäft des Halwa-Bereiters, damit er den berühmten Halwa-Jungen sehe. Dieser erkannte sofort seinen Vater. Der Vater aber erkannte seine Tochter nicht. Sehen wir nun, wie es dem Schehzade erging.
Seitdem ihm der Wesir die falsche Nachricht von seiner Frau überbracht hatte, hatte der Prinz keine Ruhe. Eines Tages, als ihm seine Frau und seine Kinder in den Sinn kamen und er über sein Unglück seufzte und klagte, geschah es, daß er anstatt Tränen Blut weinte. Er ließ den Wesir rufen. „Wesir, ich will meine Frau zurückhaben, ich gehe sie suchen, oder ich bringe mich um." [...] Nach langem Wandern erreichten sie den Ort, in dem sich die Frau aufhielt, und erkundigten sich dort, Hunger verspürend, nach einem Gasthaus. „Ein Gasthaus gibt es hier nicht", antworteten ihm die Leute, „aber es gibt nicht weit von hier einen Laden, in dem ein junger Mann so ausgezeichnete Halwa zubereitet, daß man sich nicht daran sattessen kann."
Der Schehzade ging nun aufgrund dieses Lobs mit dem Wesir in den Laden. Dort erkannte das Mädchen sofort seinen Gemahl und den Wesir; es aber wurde von ihnen nicht erkannt. Der Schehzade sagte zu ihr: „Du, Halwa-Junge, gib mir einige Paras von dieser Halwa-Speise." Das Mädchen erwiderte: „Mein Efendi, wenn Ihr heute hier über Nacht bleiben wollt, so bereite ich für Euch eine besondere Halwa-Speise zu und werde Euch außerdem mit der Erzählung einer eigentümlichen Geschichte unterhalten."

Der Schehzade wurde durch die freundlichen Worte des schönen Halwa-Jünglings außerordentlich aufgemuntert und nahm die Einladung gerne an […]
Am selben Tag beabsichtigte man in einem Stadtviertel, einen Halwa-Abend zu veranstalten, und da der Ruf des schönen Halwa-Bereiters auch dahin gedrungen war, beschloß man, die Halwa von ihm zubereiten zu lassen. Sie gingen in seinen Laden und baten ihn, zu ihnen zu kommen. Der Halwa-Junge sprach: „Sehr gerne käme ich eurem Wunsche nach, allein ich habe Gäste." Da antwortete man ihm: „Du kannst getrost auch deine Gäste mitbringen, wir werden sie mit Freuden empfangen und ihnen den besten Platz geben."
Der Halwa-Junge berichtete seinen Gästen von der Einladung, und alle drei begaben sich dann zum Halwa-Fest. Dort nahmen sie Platz, das Mädchen jedoch […] nahm Teller und Mangal und ging damit zu den Gästen, unter denen sich auch ihr Vater, ihr Bruder, der Hodscha, der Schehzade und der Wesir befanden.
Das schöne Halwa-Mädchen stellte den Mangal in die Mitte des Zimmers und begann, die Halwa zuzubereiten. Währenddessen sagte sie zu ihren Gästen: „Da ihr schon erschienen seid, um euch zu unterhalten, so erzähle wenigstens jeder eine Geschichte aus seinem Leben." Worauf das Gespräch begann […] Dann kam die Reihe an das Mädchen. Bevor es seine Geschichte begann, machte es die Gäste darauf aufmerksam, daß sich während seiner Erzählung niemand aus dem Zimmer entfernen dürfe.
[…] Dann setzte sich das Mädchen vor die Tür und begann mit seiner Geschichte. Zuerst erwähnte es das Bad, und als es die Taten des Hodscha erwähnte, begann sich dieser unruhig hin und her zu bewegen und sagte: „Ich fühle mich nicht wohl, ich muß ein bißchen hinausgehen." – „Bleib ruhig sitzen!" rief ihm das Mädchen zu. Dann fuhr es mit seiner Erzählung fort und schilderte die grausame Tat des Wesirs, wie er die zwei Kinder unterwegs ermordet hatte.
Als der Schehzade diese Geschichte hörte, da füllten sich seine Augen mit Tränen, und sowohl er als auch der Vater, der Bruder und der Wesir, alle fingen an, die Geschichte zu verstehen. Das Halwa-Mädchen beendete nun seine Erzählung folgendermaßen: „O meine Zuhörer, wisset nun, daß dieser Wesir und dieser Hodscha meine Feinde waren, hier sind mein Vater und mein Bruder sowie auch mein Mann, der Schehzade."
Nach diesen Worten flüchtete sie hinter die Kleider des Prinzen, der damit das Gesicht des Mädchens bedeckte. Am anderen Tag fragte der Schehzade den Wesir und den Hodscha, ob sie vierzig Maultiere oder vierzig Messer wollten. Da antworteten sie: „Vierzig Messer wünschen wir unseren Feinden, wir wollen lieber vierzig Maultiere." Darauf band man sie an vierzig Maultiere, und ihre zerrissenen Körperteile flogen weit ins Gebirge. Die Sultana jedoch machte sich, nachdem sie sich von Vater, Mutter und Bruder verabschiedet hatte, mit dem Schehzade auf die Reise, um mit ihm aufs neue ein glückliches Leben zu führen.[43]

ANHANG

Anmerkungen

1. Huber, F.X.J., Schmidt, A.
Weihrauch – Styrax – Sandelholz
O.W. Barth, München 1998

2. Damen-Barakat, M., Baumgart, G.
Arabische Naturheilkunde
Orac, Wien 1998

3. Scheich Saadi
Hundertundeine Geschichte aus dem Rosengarten
Manesse Bibliothek der Weltliteratur, Zürich 1989

4. Damen-Barakat, M., Baumgart, G.
Arabische Naturheilkunde
Orac, Wien 1998

5. Schimmel, A.
Die orientalische Katze – Mystik und Poesie des Orients
Herder Spektrum, Freiburg i. Br. 1991

6. Scheich Saadi
Hundertundeine Geschichte aus dem Rosengarten
Manesse Bibliothek der Weltliteratur, Zürich 1989

7. McVicar, J.
Eßbare Blüten
BLV, München 1999

8. Ebd.

9. Ebd.

10. Ebd.

11. Mernissi, F.
Der Harem in uns
Herder Spektrum, Freiburg i.Br. 1994

12. Damen-Barakat, M., Baumgart, G.
Arabische Naturheilkunde
Orac, Wien 1998

13. Huber, F.X.J., Schmidt, A.
Weihrauch – Styrax – Sandelholz
O.W. Barth, München 1998

14. *Der duftende Garten des Scheich Nefzaui* – Die orientalische Liebeskunst
Heyne, München 1991

15. Damen-Barakat, M., Baumgart, G.
Arabische Naturheilkunde
Orac, Wien 1998

16. Mernissi, F.
Der Harem in uns
Herder Spektrum, Freiburg i.Br. 1994

17. Ebd.

18. Rätsch, Chr.
Pflanzen der Liebe
Aphrodisiaka in Mythos, Geschichte und Gegenwart
AT Verlag, Aarau 1993

19. Gelpke, R.
Vom Rausch in Orient und Okzident
Klett Cotta, Stuttgart 1996

20. Rätsch, Chr.
Pflanzen der Liebe
Aphrodisiaka in Mythos, Geschichte und Gegenwart
AT Verlag, Aarau 1993

21. Buonaventure, W.
Bauchtanz – Die Schlange und die Sphinx
Kunstmann, München 1991

22. *Das Mädchen als König* –
Orientalische Frauenmärchen
Unionsverlag, München 1994

23. Kiby, M.
Bäder und Badekultur in Orient und Okzident
Dumont, Köln 1995

24. Ebd.

25. Mernissi, F.
Der Harem in uns
Herder Spektrum, Freiburg i. Br. 1994

26. Ebd.

27. *Das Mädchen als König* –
Orientalische Frauenmärchen
Unionsverlag, München 1994

28. Rätsch, Chr.
Pflanzen der Liebe
Aphrodisiaka in Mythos, Geschichte und Gegenwart
AT Verlag, Aarau 1993

29. Ebd.

30. Naudin, J.-B., Godard, O.
Zu Gast bei Scheherazade
Heyne, München 1994

31. Scheich Saadi
Hundertundeine Geschichte aus dem Rosengarten
Manesse Bibliothek der Weltliteratur, Zürich 1989

32. Damen-Barakat, M., Baumgart, G.
Arabische Naturheilkunde
Orac, Wien 1998

33. Naudin, J.-B., Godard, O.
Zu Gast bei Scheherazade
Heyne, München 1994

34. *Dinkel & Co – Wertvolle Getreidesorten*
Knoipp, Loeben 1998

35. Homolka, A.
Zück die Finger und iß – Ein Streifzug durch die Geschichte unserer Tischsitten von den alten Ägyptern bis heute
Lorch, Frankfurt/Main 1988

36. Ebd.

37. Der Feinschmecker, Nr. 8/99

38. Homolka, A.
Zück die Finger und iß – Ein Streifzug durch die Geschichte unserer Tischsitten von den alten Ägyptern bis heute
Lorch, Frankfurt/Main 1988

39. Bührer, P.
Schlemmerein aus 1001 Nacht
AT Verlag, Aarau 1994

40. Naudin, J.-B., Godard, O.
Zu Gast bei Scheherazade
Heyne, München 1994

41. Honakker, E.
Die Geschichte der Empfängnisverhütung
Heyne, München 1994

42. *Der duftende Garten des Scheich Nefzaui* –
Die orientalische Liebeskunst
Heyne, München 1991

43. *Löwengleich und Mondenschön* –
Orientalische Frauenmärchen
Unionsverlag, München 1994

Buchtips

Badewonnen
Hansgrohe DuMont, Köln 1993

Basan, Chillie
Die klassische türkische Küche
Heyne, München 1998

Krähmer, Barbara
Rosenöl
Ludwig, München 1998

Manniche, Lise
Liebe und Sexualität im alten Ägypten
Artemis, Zürich 1988

Schneider, Sylvia
Tees zum Wohlfühlen – Magische Kräuter aus aller Welt
Mosaik, München 1998

Westendorf, Wolfhart
Erwachen der Heilkunst – Die Medizin im alten Ägypten
Artemis & Winkler, Zürich 1992

Zerbst, Marion
Olivenöl
Trias, Stuttgart 1998

Adressen und Bezugsquellen

Ausgefallene Kräuter, Gewürze und Pflanzen, auch aus dem Orient, gibt es bei:

Alraun-Kräuterversand
Postfach 1322
63503 Idstein
Tel.: 0 61 26 - 5 55 75
Fax: 0 61 26 - 5 56 69

Kräuterzauber
Daniel Rühlemann
Auf dem Berg
27367 Horstedt
Tel.: 0 42 64 - 22 84
Fax: 0 42 64 - 22 80

Gärtnerei Otto
Dr. Ali Mashiri
Hohluftstr. 37–39
23758 Oldenburg
Tel.: 0 43 61 - 13 61
Fax: 0 43 61 - 30 61

Wildrosengelee
Freche Früchtchen
Wasbeker Str. 66
24534 Neumünster
Tel.: 0 43 21 - 1 35 36
Fax: 0 43 21 - 1 63 98

Rosenöle und orientalische Grundsubstanzen werden hergestellt bei:

Primavera Life
Am Fichtenholz 5
D-87477 Sulzberg
Tel.: 0 83 76 / 808-0

Rosencreme und Öle sowie verschiedene Naturprodukte im kosmetischen Bereich stellt her:

Verima – Phytocosmetic
D-78315 Radolfszell

Register

Allgemeiner Teil

A

B

C

D

E

F

G

H

I

J

K

L

M

N

O

P

R

S

T

U

V

W

Y

Z

Äußerliche Wohltaten – Rezepte

Innerliche Wohltaten – Küchenrezepte

Tee- und Getränkezubereitungen

Wir danken für ihre Unterstützung

Hotel La Mamounia
Marrakesch

Restaurant Yacout
79 Sidi Ahmed Soussi
Marrakesch

M. H. Bouadani, Le Coffret De Santal
c/o Hotel La Mamounia
Marrakesch

Galerie D'Art Loubana-El Alaoui
Souk El Ghassoul 40
Marrakesch-Medina

De Velasco – Antiquités
c/o Hotel La Mamounia
Marrakesch

in der Verlagsgruppe Bertelsmann GmbH / 5 4 3 2 1
Textredaktion: Irmgard Perkounigg
Satz: Filmsatz Schröter GmbH, München
Reproduktion: Artilitho, Trento
Druck und Bindung: Mohn Media, Mohndruck GmbH, Gütersloh
Printed in Germany · ISBN 3-576-11250-2